불안한 어른

BOOK
JOURNALISM

불안한 어른

발행일 ; 제1판 제1쇄 2021년 5월 10일
지은이 ; 이민경 발행인 · 편집인 ; 이연대
편집 ; 이세영 · 정주한 제작 ; 강민기
디자인 ; 유덕규 · 김지연 지원 ; 유지혜 고문 ; 손현우
펴낸곳 ; ㈜스리체어스 _ 서울시 중구 삼일대로 343 9층
전화 ; 02 396 6266 팩스 ; 070 8627 6266
이메일 ; hello@bookjournalism.com
홈페이지 ; www.bookjournalism.com
출판등록 ; 2014년 6월 25일 제300 2014 81호
ISBN ; 979 11 91652 00 0 03300

이 책의 30대 싱글들과의 인터뷰 내용은 서울시 연구원의 지원에 의한 보고서(박성원 · 이민경 · 이
일영 · 이재경 · 김양희, 〈청년 미래성장 지원방안의 새로운 관점〉, 《서울시 연구원 보고서》, 2020.)
에 기반하고 있고, 일부는 동향과 전망에 발표되었음. (이민경, 〈청년들의 마음 체제에 대한 질적
분석: 30대 싱글들의 불안을 중심으로〉, 《동향과 전망(109)》, 97-135쪽, 2020.)

BOOK
JOURNALISM

불안한 어른

이민경

: 30대가 가장 많이 보여 준 감정은 불안이다. 불안의 실체는 특정한 상황이나 조건에 따라 다르지만, 30대가 말하는 불안의 이면에는 이들 세대를 아우르는 공통분모가 있다. 고용과 주거 불안 등 물리적 조건으로 인한 불안, 안정된 직업과 결혼에 대한 가족과 사회의 압력, 삶의 격차에 따른 또래 압력 등 타인의 기대나 비교에서 비롯되는, 인간관계에서 파생한 불안이 대표적이다.

차례

서른 바로 읽기

경계에 선 나이

1994년에 발표된 노래 김광석의 〈서른 즈음에〉는 서른이라는 나이의 무게감, 이미 지나와 버린, 그래서 아쉽기만 한 청춘의 시간을 쓸쓸하고 담백하게 담아내며 지금도 많은 이들에게 사랑받고 있다. 머물러 있을 것만 같은 청춘의 시간은 무심하게 흘러가 버렸고, 잃어버린 건 많은데 채워 넣은 건 없는 채로 도착한 서른은 당황스럽기만 하다. 우연이겠지만, 이 노래가 발표되던 해에 《서른, 잔치는 끝났다》라는 시집도 출간됐다. 어느 세대건, 어떤 이유로건 서른이라는 나이가 주는 상징성은 적지 않다.

냉정하게 이야기하면 나이란 흘러가는 자연의 시간을 인위적으로 나눈 것 그 이상도 이하도 아니다. 하지만 우리는 특정한 나이에 대한 나름의 기대가 있다. 나이는 '인류가 만들어 낸 가장 악랄한 이데올로기'[1]인 생애 주기라는 이름으로 특정한 삶의 모습을 요구하기도 한다. 숫자에 불과하다지만, 나이에 맞는 '정상적인' 삶의 모습이 있다는 사회적 통념에서 자유로운 사람은 많지 않다. 우리는 모두 나와 타인의 나이를 의식하고 살아간다.

생애 주기 개념에서 서른이라는 나이는 여러 가지 의미로 경계에 있다. 길목에 서 있다는 점에서 여전히 다양한 가능성이 존재하지만, 어느 쪽이든 삶의 방향을 결정해야 한다는 점에서는 부담스러운 위치다. 그래서 힘겹고 불안한 시기이기도 하다. 무엇보다 서른은 사회적으로 어른이 되는 것을 기대받는 나이다. 꿈을 위해 좌충우돌하거나 방황하는 청춘은 30대에게 기대되는 삶의 모습이 아니다. 서른은 경제적이든 정서적이든 독립된 인격체로 살아가기를 요구받는 나이다. 30대 싱글은 안정된 직업과 결혼이라는 이중의 압력으로 그 부담감이 더 크다.

이 글은 대한민국 30대 싱글들을 직접 만나고 소통하면서 이들의 마음을 날 것으로 재구성한 기록이다. 30대의 마음과 삶의 무늬를 제대로 읽어 내고, 이를 바탕으로 우리 사회의 새로운 희망을 함께 만들어 갈 토대가 만들어지기를 기대하며 시작한 프로젝트다.[2] 인터뷰에서 만난 30대 싱글들은 대부분 1987년~1989년에 태어나 2018년 인터뷰 당시 기준으로 30대 초반이다. 학력은 전문대를 포함해 대학을 졸업한 고학력자가 대부분이다. 직업은 현재 무직을 포함해 직장인, 프리랜서, 자영업자 등 다양하게 구성돼 있다. 고용 형태로 구분하면 정규직과 비정규직이 거의 절반씩 차지하고 있다. 열 명 중 아홉은 소득 수준이 300만 원 미만이고, 이 가운데 200만 원 이하가 절반 정도 된다. 우리 사회 30대 평균보다는 낮은 소득 분포다.[3]

30대와의 소통은 현재 이들이 몸과 마음으로 겪고 있는 우리 사회의 다양한 자화상을 부끄럽게 마주하는 과정이기도 했다. 때로는 공감했고, 때로는 다른 지점을 이해하기 위해 귀 기울였다. 어느 평론가의 말처럼 세상에서 가장 큰 위로는 대상에 대한 정확한 인식에서 출발한다. 30대와 만나면서 그들의 시선과 입장을, 그리고 이들을 바라보는 '나'에 대한 성찰을 놓지 않았던 이유다. 30대의 삶을 정확하게 이해한다는 것은 이들을 타자화하지 않는 것이다. 이 글은 30대에 대한 선부른 판단 대신 그들의 마음에 더 정확하게 가닿으려는 시도이기도 하다.

시대를 비추는 거울

오늘날 청년들이 생존의 무게를 견디는 것만으로도 버거워 연애도, 결혼도, 친밀한 인간관계도 꿈꾸지 못한다는 이야기는 꽤 익숙하다. 대중 매체에서 전하는 청년들의 삶도 희망이나 낙관과는 거리가 멀다. 불안정한 고용 환경, 안정적인 공동체 기반의 급격한 붕괴, 그로 인한 불안과 무력감으로 적지 않은 청년들이 우울의 시간을 건너가고 있다. 삶이 온전히 개인의 어깨에만 걸리게 되는 '액체 근대liquid modernity'[4] 시대에 각자도 생의 길을 걷는 청년들의 삶은 녹록지 않아 보인다. 우리 사회가 청년들을 생존을 위해 자기 경영과 경쟁에 몰두하는 '신자유주의 주체'[5]로 호명하는 데에는 이런 시대적 맥락이 있다.

요즘 청년 문제의 주요 화두는 세대 내 불평등이다.[6] 계층 세습 사회로 들어서면서 세대 내 불평등이 점점 더 공고해지고 있기 때문이다. 청년 세대의 교육, 소득, 자산, 주거 등 다양한 차원의 불평등은 서로를 강화하는 메커니즘으로 작동한다.[7] 문제는 이러한 구조적 불평등이 앞으로 더 심해질 가능성이 크다는 것이다. 그동안 청년 문제에 대한 다양한 정책적 해법이 나왔고 일부 실행되고 있기도 하지만, 이를 해결하는 것은 간단치 않아 보인다.

지금 30대는 우리 사회의 다차원적인 불평등이 집약적이고 가시적으로 드러나는 세대다. 이들이 사회생활을 시작한 무렵은 한국 사회가 저성장 시대로 돌입한 시기와 맞물린다. 이들은 부모 세대보다 못 살게 되는 첫 세대이기도 하다. 최근 폭등하는 집값에 떠밀려 서울을 떠나는 30대들의 이야기는 이들이 처한 상황을 잘 보여 준다. 주목할 부분은 최근 무리하게 주택 담보 대출을 받아 집을 사거나 주식에 투자하는 데 적극적인 연령대도 30대라는 점이다. 영혼까지 끌어모아 집을 사고, 빚을 내 주식에 투자하는 이른바 '영끌'과 '빚투'를 주도하는 세대다. 이들이 요즘 가장 관심을 가지는 대화 주제도, 가장 열심히 공부하는 분야도 부동산과 주식이라는 이야기가 있다. 지금 당장 집을 사지 않으면 앞으로는 영원히 불가능할지도 모른다는 조바심과 불안으로도 읽힌다. 안정적인 주거와 삶을 넘어, 공격적인 투자를 통해 계층 세습이라는 구조적 불평등을 돌파하려는 욕망에서 비롯된 전략일 수도 있다. 30대는 불안과 욕망의 이중주가 흐르는 아슬아슬한 경계선에 자리하고 있다.

오늘을 비추는 이들의 삶의 모습은 우리 사회의 미래 경로도 만들어 갈 가능성이 크다. 30대는 구조적 불평등과 공동체 붕괴가 상호 교차하면서 살기가 더 팍팍해진 시대를 정면으로 통과하고 있다. 이들을 이해하면 우리 사회의 현재를 진단하고, 미래 경로를 읽을 수 있다.

하지만 30대에 집중한 이야기는 찾아보기 쉽지 않다. 청년들의 이야기를 다룬 연구와 대중적 담론들은 넘쳐 나지만, 대부분 20대가 주요 관심 대상이다. 2020년 기준, 한국의 20대와 30대 인구는 각각 13.1퍼센트와 13.3퍼센트 정도로 30대가 더 많다.[8] 하지만 우리 사회는 주로 20대를 청년이라고 부른다.

이유는 다양할 수 있지만, 무엇보다 30대를 향한 시선에 담긴 보편적인 사회 정서 때문일 것이다. 우리는 서른을 안정된 직업을 갖고, 결혼하고 아이를 낳으며 청춘의 시기를 지나 본격적으로 기성세대에 편입되는 나이로 간주한다. 그러나 현재 30대의 삶은 이런 사회적 통념과 거리가 있다. 고용 불안으로 이들의 직업적 안정성은 지속적으로 낮아지고 있다. 결혼하지 않는 비율도 빠르게 높아지고 있다. 결혼은 하더라도 아이를 낳지 않거나, 낳을 생각이 없는 경우도 많다. 이렇게 30대는 우리 사회가 기대하는 '어른의 조건'과 멀어지고 있다.

그렇다고 청춘으로 살아갈 수도 없다. 30대는 청춘으로 살아가는 것을 허락받지 못하는 나이다. 이 사이에서 적지 않은 30대가 자기 분열과 불안을 경험한다. 청춘과 기성세대 사이에 있는 경계적 존재로서 30대에게는 서로 얽혀 있는 우리 사회의 다층적인 모습이 반영돼 있다. 30대 싱글의 삶은 더 그렇다. 자발적으로 비혼을 선택하는 사람이 늘고 결혼 시기가 점점 늦어지는 흐름을 고려할 때 30대 싱글은 이전과는 서로 다른, 새롭고 다양한 청년 집단의 삶과 사유의 유형을 보여줄 수 있다. 무엇보다 이들은 불평등의 섬으로 존재하는 집단으로서의 특징을 보인다.[9] 갈수록 심화하고 있는 고용 불안과 주거 불안이 연애나 결혼을 피하는 원인이 되기도 한다. 우리 사회의 다차원적인 구조적 불평등이 이들의 삶에 미친 영향은 적지 않아 보인다.

지금 추세대로라면 싱글이 한국 사회의 다수를 차지하게 될 날도 그리 멀지 않아 보인다. 많은 30대가 비혼을 선택하거나 결혼을 늦추면서 30대 싱글이 계속 늘고 있다.[10] 인구 1000명당 혼인 건수를 뜻하는 조혼인율은 1992년 9.6퍼센트에서 2019년 4.7퍼센트로 떨어졌다. 30대들의 미혼 비율은

1995년에서 2015년 사이 치솟았다. 남성은 30~34세가 19퍼센트에서 56퍼센트로, 35~39세가 7퍼센트에서 33퍼센트로 증가했고, 여성은 30~34세가 7퍼센트에서 38퍼센트로, 35~39세가 3퍼센트에서 19퍼센트로 늘었다. 이성 교제를 하지 않는 30대 이상의 성인 남성 과반수는 결혼을 비자발적으로 미루고 있고, 여성은 30대 초반을 제외하고 이성 교제를 자발적으로 안 하는 경우가 과반수에 달한다.[11]

앞으로 1인 가구가 보편적인 주거 형태가 되고, 가족의 개념이 새롭게 재편되면 우리 사회에도 적지 않은 변화를 가져올 것이다. 따라서 30대 싱글의 삶과 마음을 들여다보는 건 지금 우리 사회 전체의 현실에 더 깊이 들어가는 일이다. 동시에 미래 사회의 전조를 포착할 수 있다. 나아가 이들이 처한 다양한 상황에서 현재에서 미래로 이어지는 시간대의 총체적 모습을 보여줄 수 있다.

위기와 함께 자라다

1980년대생인 30대는 본격적인 '개인 중심 세대me generation'다. 40~50대가 속한 386세대나 X세대 등 이전 세대가 구조적 문제 혹은 개인을 중시하면서도 구조적 연결 고리를 잃지 않으려는 데 관심이 있었다면 30대는 상대적으로 개인에 더 집중한 세대다.

일반적으로 개인 중심 세대는 사회·정치 문제에 큰 관심이 없고, 타인과의 관계 맺기에 취약하다. 또 내일을 위해 무언가를 준비하기보다는 오늘 혹은 현재를 살아가는 데 집중하는 경향이 강하다. 세상과 사회 등 공적 영역에 대한 신뢰도 이전 세대보다 낮다. 30대의 모습에는 이런 개인 중심 세대의 특성이 짙게 배어 있다.

30대는 1988년 이후 격동하는 한국 사회의 경제적, 사회적, 문화적 전환기를 온몸으로 겪은 세대다. 이들이 보낸 어린 시절은 한국 사회의 가파른 경제 성장기에 해당한다. 베이비붐 세대인 이들 부모는 가난한 어린 시절을 보내고 급격한 경제 성장을 일궈 내면서 자녀 양육과 교육을 위해 헌신했다. 30대는 이러한 부모 밑에서 대부분 혼자 자라거나, 2명의 자녀를 둔 단출한 핵가족에서 성장했다. 헬리콥터 맘helicopter mom, 매니지먼트 맘management mom 등은 현재 30대인 자녀들에게 '올인'한 자녀 교육 관리자 혹은 기획가로서의 어머니를 의미하는 대중적인 언어였다.[12] 30대는 90년대 초 우리 사회의 민주화가 진전되면서 탈권위적이고 합리적인 문화를 가정에서도 경험하며 유·초년기를 보낸 세대이기도 하다.

먼저 사춘기인 10대에는 IMF를 겪었다. 대대적인 구조 조정으로 명예퇴직, 고실업과 불완전 고용이 이어진 IMF 외환 위기 10년은 우리 삶의 기반을 뒤흔든 사회적 전환기였다.

신자유주의적 경제 체제가 우리 사회에 전면적으로 확산하면서 삶의 불안정성이 커진 때다. 이러한 변화의 소용돌이는 사람들에게 '내일을 알 수 없다'는 불안과 위기감을 키웠다. 초경쟁적 교육열도 이와 관련이 깊다. IMF 이후 평생직장의 개념이 사라지면서 많은 가족은 자녀 교육에 투자했다.[13] 불안정한 사회 환경은 안정적인 직업을 위한 명문 대학 진학을 자녀 교육 성공의 최우선 과제로 삼게 했기 때문이다. IMF가 공적인 영역에서의 위기를 자녀 교육 투자라는 사적인 안전망 구축을 통해 극복하려는 욕망을 부모에게 제공한 셈이다.

이들이 보낸 청소년기에는 대학 입시도 변화를 거듭했다. 수능과 수시가 새롭게 도입되고 정착됐다. 학생부 전형이 생기면서 일상적인 자기 관리와 경쟁이 본격적으로 시작됐다. 전국 단위로 이뤄지는 수능과 달리 내신 경쟁은 같은 학교, 같은 반 친구들을 치열한 경쟁 상대로 만들었다. 이로 인해 사회적 감수성이 형성되는 청소년기에 '나의 승리가 친구의 패배가 되는' 일을 매우 일상적이고 구체적으로 경험하게 된다.[14] 이러한 환경 속에서 30대는 성장기 내내 살인적인 경쟁을 내면화하면서 신자유주의적 생존 방식을 몸에 익혔다.

20대가 되면서는 2008년 세계 금융 위기를 경험했다. 구조적인 불안정성이 한국 사회에 정착하고, 계층 양극화가 본격적으로 두드러진 시기다. 고등학생 때까지 입시 경쟁에 몰두했듯, 대학에 들어와서는 다시 안정된 직장을 얻기 위해 학점과 토익, 그리고 다양한 스펙을 쌓느라 불안하고 분주한 20대를 보냈다. 이들에게 20대 청춘 시절은 '꿈, 도전, 자유' 대신 '취업, 불안, 강박' 등으로 얼룩져 있다.[15] 입시에서 입사로 목표가 달라졌을 뿐 일상적인 경쟁과 긴장감은 청소년기와 크게 다르지 않았다.

고실업, 저성장은 사회에 막 진입한 20대 청년들이 맞닥뜨려야 하는 현실을 가리키는 시대적 언어였다. 이들은 아무리 노력해도 부모 세대보다 더 잘 살기 어렵다는 것을 경험으로 알아차리며 우울하고 고단한 청춘을 보냈다. 20대들이 처한 비애를 설명하는 '88만 원 세대'[16]는 지금의 30대가 20대를 통과할 때 사회를 강타했던 용어다. 30대는 불안정한 환경에서 임시 노동직을 '열정 페이'라는 이름으로 견디면서 힘들고 불공정한 일도 마다하지 않았던 세대다.

지금 이들의 삶은 다양하다. 조직에서는 경력을 쌓아 중간 관리자의 길에 막 들어서기도 하고, 자신의 이상과는 맞지 않는 직장 생활 때문에 '퇴준생'으로 살아가기도 한다. 프리랜서나 창업 등으로 나만의 사회적 자리를 만들어가기 위해 고투하기도 한다. 적지 않은 30대가 여전히 안정된 직장과 결혼 등 사회적 역할에 대한 압박을 받으면서 살아간다. 취업과 결혼, 출산 포기를 뜻하는 이른바 '3포 세대'는 30대들의 현실을 압축적으로 보여 준다. 이들은 신자유주의적 경쟁 체제가 심화하는 시기에 입시와 입사 준비를 거치며 열심히 살아왔다. 하지만 여전히 일자리를 찾기 어려워하거나, 언제 일자리를 잃게 될지 몰라 불안해한다.

30대의 삶을 재현하는 새로운 표현도 등장했다. 내일에 대한 기대가 없어 '오늘을 대충 살기'로 결심하거나, 대단한 사회적 성취를 포기하는 대신 '소확행(小確幸·작지만 확실한 행복)'에서 위안을 얻으며 자족적으로 살아가는 모습이다. 반응은 엇갈린다. 새롭고 대안적인 삶의 방식으로 볼 수 있지만, 자기방어적인 도피로 해석할 수도 있다. 다른 한편에서는 주식과 부동산 등 자산 형성에 시간과 에너지를 적극적으로 투자하는 모습이 30대의 삶을 보여 주는 새로운 사회적 이미지가 됐다. '패닉 바잉panic buying'이나 '이상 열기'는 미래에 대한 불안이 드러난 결과로도 볼 수 있다.

30대에게는 역동적인 시공간으로서의 우리 사회의 모습이 고스란히 담겨 있다. 풍요의 시대와 경제적 위기를 동시에 경험했으며, 경쟁을 일상적으로 내면화하면서 성장한 이들은 지금도 여전히 생존과 경쟁에서 자유롭지 않다. 30대는 불안정한 환경 속에서 파편화된 개인으로 불안하게 서성이거나, 적극적인 신자유주의적 주체로 살면서 '위험 사회'[17]와 '피로 사회'[18]를 지나고 있다.

내 자리가 없다

당신이 꿈꾸던 서른인가요

인터뷰에서 30대가 가장 많이 보여 준 감정은 불안이다. 물론 특정한 세대나 집단만 불안을 겪는 건 아니다. 한국인 열 명당 한 명이 불안을 경험한다는 분석이 나올 만큼 보편적인 현상이다. 50대인 386세대도, 40대인 X세대도, 20대인 Z세대도 서로 다른 이유로 각자의 불안을 안고 살아간다. 구조적, 정서적 안전망이 없는 사회에서라면 더 그렇다.

문제는 불안 그 자체가 아니라 불안이 어떤 무늬를 가지고 있느냐다. 불안의 실체는 특정한 상황이나 조건에 따라 다르다. 30대가 말하는 불안의 이면에는 이들 세대를 아우르는 공통분모가 있다. 고용과 주거 불안 등 물리적 조건으로 인한 불안, 안정된 직업과 결혼에 대한 가족과 사회의 압력, 삶의 격차에 따른 또래 압력 등 타인의 기대나 비교에서 비롯되는, 인간관계에서 파생한 불안이 대표적이다.

이들의 불안은 특히 '사회적 자리의 부재'와 연관이 많았다. 많은 30대가 실업이나 불안정한 고용 상태 등 사회·경제적 조건과 사회적 압력이 주는 부담감이 복합적으로 작용할 때 마음의 균열을 드러냈다. 경쟁의 파도 속에서 나름의 생존 방법과 자기 정체성을 찾아야 하는 부담을 함께 짊어지고 있기 때문이다. 이들은 서른이라는 나이는 도전과 방황이 허락된 청춘 시절인 20대를 지나 안정되고 독립된 어른으로 살아갈 것을 기대받는 나이고, 자신도 서른이 되면 당연히 그럴 줄 알았다고 한다. 이들이 기대했던 서른의 모습은 사회 통념과 크게 다르지 않았다. 그러나 막상 서른이 되고 보니 현실은 그렇지 않고 앞으로 더 나아질 희망도 보이지 않아 불안하다.

나이가 든다고 해서 더 성숙해지거나 멋져지지 않는다는 걸 이제 알게 된 거죠. 지금 즈음이 그걸 아는 때인 것 같아요. 그런 면에서 희망이 잘 안 보이고. 개인적으로 나이가 들거나 사회 경험을 하면서 한 단계 한 단계 (위로 올라가는) 그러고 싶었는데 어른들을 만나 보니까 그렇지 않은 것 같고. '나도 안 그렇겠구나'라는 생각이 드는 거죠. (김종현, 남)

계약직으로 계속 일할 수 있는 건 아니잖아요. 하다가 잘리면 또 다른 데 가야 하고 왔다 갔다 해야 하는데. 20대 때는 젊은 나이니까 얼마든지 할 수 있는데, 요새는 수입이 안정적이어야 뭘 해도 하니까요. (박진성, 남)

정규직 전환이 안 되면 3월 이후에는 다시 취업 준비를 해야 하는 상황이 돌아오고. 저는 아직 결혼 계획이 없고. 집도 마련 안 되죠, 그런 상황에서. 그런 거에 구애받는 성격이 아니었기 때문에 지금까지 이렇게 왔는지도 모르겠는데, 이제는 하나라도 안정됐으면 좋겠어요. '지금까지처럼 계속 나이만 먹는 거 아닌가'라는 생각이 든다고 해야 할까요? (김성아, 여)

이들이 말하는 불안의 스펙트럼은 다층적이다. 서른이 되면 '멋진 어른'이 돼 있을 줄 알았는데, 기본적인 생존 문제도 제대로 해결하지 못하고 있는 자신을 보면서 느끼는 불안, 물리적인 나이를 먹는다고 삶이 안정적으로 바뀌거나 나아지지 않는다는 현실에 대한 때늦은 자각에서 오는 불안, 어느 하나 이뤄 놓지 못하고 나이만 먹어 가는 듯해 느끼는 불안 등이다. 공통점은 대부분 경제적, 사회적 위치와 서른이라는 나이에 대한 자각이 합쳐지며 불안이 커지고 있다는 것이다. 인터뷰이 대부분이 서른이라는 나이를 체감하기 시작하는 30대 초반이라는 사실과도 연관 있어 보인다. 30대에 막 진입하면서 방황이 허용되고 자유로운 20대 청춘을 향한 것과는 다른 외부 시선을 받게 되고, 여기에 더해 개인이 스스로 느끼는 부담감이 심리에 영향을 미칠 수 있기 때문이다.

이는 삶의 안정성에 대한 30대의 일반적인 생각과도 일치한다. 한 설문 조사에 따르면[19] 30대는 20대와 비교해 불안정성을 상대적으로 더 크게 느낀다. 주목할 점은 자신이 계층적으로 하층이라고 생각하는 30대들이 느끼는 불안정성이 중층이나 상층이라고 답한 30대보다 더 크다는 것이다. '당신의 삶이 매우 안정되어 있느냐'는 질문에 30대 중상층 이상은 18.2퍼센트, 중간층은 10.8퍼센트, 중하층은 3.3퍼센트, 하층은 1.7퍼센트가 그렇다고 답했다.[20] 불안이라는 심리적 영역도 계층에 따라 차이가 난다는 것을 암시하는 대목이다. 고용 불안이 몸과 마음을 잠식해서 아픈 청년들이 유독 많아지고 있다는 것도 이러한 현실과 무관하지 않을 것이다.[21]

워라밸은 그저 로망

직장에서 30대는 중간 관리자의 길로 들어서는 나이다. 자영업자나 프리랜서로도 능력을 발휘하며 대부분 분주하고 치열하게 오늘을 살아간다. 그러나 근대 산업 역군으로서 '일 중독자'로 살았던 기성세대와는 삶의 지향이나 태도가 같다고 할 수 없다. 이런 새로운 세대들의 특성 가운데 하나가 '워라밸(work and life balance·일과 삶의 균형)'이다. 이들은 경제적 보상에만 얽매이지 않는다. 개인적인 삶의 행복을 더 중요하게 생각하면서 의미 있는 일을 추구하는 경향이 크다.[22] 하지만 직접 만난 30대들은 워라밸은 자신들의 삶과는 거리가 멀다고 말한다.

그동안 해왔던 방식으로 선택하게 되잖아요. 그런데 여전히 원하는 일을 우선시하다 보니 경제적인 어려움이 (있는 거죠). 또래 친구들보다는 경제적으로 부족한 부분이 짐이 되기 시작하는 때인 것 같아요. 20대 때는 돈을 좇는 것이 아니라 돈이 쫓아오는 삶을 사는 걸로 생각하고, 20대를 불태웠는데 30대에 들어오니 '아, 현실은 그게 아니었구나'라는 생각이 들면서…. (정선경, 여)

원하는 분야의 직무를 찾았더니 미래를 설계할 수 있는 급여가 또 많이 떨어졌거든요. 그때(예전 직장에 다닐 때)는 대우가 좋은 건 사실인데 원하는 일이냐는 건 조금 물음표였어요. 이 두 가지가 양립하기 정말 어려운 것 같아요. 예전에는 굉장히 어렵고 힘들게 일했는데, 결과적으로 경력과 함께 어느 정도의 결혼 자금이 쌓인 거죠. 그런데 지금은 정말 원하는 일을 하고 있고, 좋은 사람들과 일하면서 효능감도 느끼고 있는데 '돈을 모을 수 있을까?'라는 두려움이 있어요. (정세윤, 여)

경제적인 보상 대신 자신이 마음 편하게 하고 싶은 일을 찾아 직장을 옮긴 선경 씨와 세윤 씨는 현재의 삶에 대체로 만족한다. 그러나 30대에 들어서면서부터 경제적 보상이 적은 일을 계속하는 것에 대한 불안감이 높아지고 있다. 그동안 좋아하는 일을 하면서 개인적으로 의미 있는 삶을 살아간다고 생각했지만 서른 살이 되고 나니 마음이 복잡해진다는 것이다. 미래가 불안한 상황에서 그런 삶을 추구하기가 더는 어렵다는 판단이 든다고 한다.

무엇보다 30대는 생활을 스스로 준비하고 책임져야 하는 시기인데, 20대처럼 워라밸을 꿈꾸며 사는 건 로망에 불과함을 깨달았다는 이야기가 많았다. 몸과 마음이 힘들고, 팍팍하기만 한 현실에서 경제적 조건이 뒷받침되지 않는데, 개인적인 시간을 누리는 삶은 비현실적인 목표라는 생각이 든다는 것이다.

개인적으로는 단 한 번도 기업에 취업할 생각이 없이 살아왔는데, 경력도 대략 5~6년 정도 되고 있고요. 그런데 최근 들어서 이직 제의를 받았습니다. 연봉이 지금보다 두 배 정도 높고, 시스템도 좋은 단체였는데. 제가 (프리랜서로) 일을 하면서 최근 들었던 생각이…. 결혼 준비도 하고 있는데, 단지 이상으로 살아갈 수 있는지…. (이장훈, 남)

서른 살 넘어서 제 시간을 가질 수 있는 직장을 찾게 됐죠. 찾게 됐음에도 지금도 고민하고 있어요. 더 늦기 전에 이직해야 하는 건가? 어디로 가야 하지. 저희 쪽(회사)에 50~60대분들도 오세요. 오셔서 청소라도 하시겠다고. 그 얘기를 들으니까 내 노년은 어떡하지? 여기에서 계속 있을 수 있나? 노년을 걱정하게 되면서 지금은 육아 휴직을 쓸 수 있는 (큰) 기업으로 가고 싶다. 육아 휴직을 쓸 수 있고 내 자리가 확보되는 곳으로 가면 좋지 않을까? (허수진, 여)

장훈 씨는 현재 프리랜서로 살아가고 있다. 하는 일이 보람도 있어서 일 자체에는 큰 불만이 없다. 그런데 결혼 계획이 있어 원하는 일을 할 수 없더라도 처우가 좋고 안정적인 직장으로 옮겨야 하는지에 대한 고민이 적지 않다. 수진 씨도 개인적인 삶이 불가능할 만큼 바쁘기만 한 이전 직장에서 현재의 직장으로 옮겼다. 그런데 앞으로 결혼과 육아 등을 생각하면 일이 많더라도 복지 혜택이 좋은 회사로 옮겨야 하지 않을까 하는 고민을 요즘 많이 하게 된다고 한다. 20대에 사회생활을 시작하면서 돈만을 위해 살지 않겠노라고 생각했지만, 30대가 되니 마음의 갈등을 겪게 된다는 것이다. 무엇보다 결혼을 계획하려면 워라밸은 포기해야 한다는 생각이 든다고 한다. 바라는 것과 그렇게 살 수 있는 것이 다르다는 점은 얼마간의 사회 경험 후 도달한 냉정한 판단이다. 워라밸이 청년들의 보편적인 삶의 태도라고 이야기하지만, 서른이 되면서 누구나 실현할 수 있는 것은 아니라는 점을 알아차렸기 때문이다. 내일을 불안해하며 살아가는 이들에게 워라밸은 유보되거나 폐기해야 하는 현실 너머 이야기였다.

인간은 경제적 동물이다. 동시에 의미 있는 삶에 대한 욕망도 있다. 워라밸에 대한 욕망은 경제적 성과가 최우선이었던 산업 역군 세대와 다른 삶을 꿈꾸는 세대의 출현이라는 의미도 있었다. 그러나 고실업과 고용 불안의 시대를 살아가야 하는 30대에게 워라밸은 그저 로망으로 남아 있을 뿐이다.

나는 정말 괜찮은데

특정한 삶의 방식을 정상적인 것으로 규정하는 사회적 통념에 대해 30대들은 대부분 비판적이었다. 암묵적으로 사회가 강요하는 나이와 성별, 직업에 기반한 편견 등 집단적, 문화적 압력도 몹시 불편해했다. 타인의 시선보다는 자신만의 삶의 방식과 태도가 중요하고 나름 자신만의 고유한 삶의 가치를 추구하며 주체적으로 살아가고 있음을 강조했다.

그런데 이런 공식 선언과는 별개로 주위의 시선이나 기대에 자주 심리적으로 휘둘린다고 고백하는 이들이 많았다. 스스로 정의하고 욕망하는 공식적인 자아와는 별개로 일상에서 접하게 되는 외부 시선 때문에 불안하다는 것이다.

아, 낮에 체육복 입고 돌아다니는 저 사람은 백수다. 그런 거 아시죠. (웃음) 우리나라는 그런 게 너무 심하니까. 저 사람 뭐 사업하나 보다 하고 치우면 될 건데. 도가 너무 지나치니까 대인 기피증이라고 해야 하나, 방에 숨어서 나가기가 겁나는 거예요. (일하지 않더라도) 웃으면서 그냥 다닐 수 있으면 좋겠어요. 그런데 보는 눈이 무섭죠. (김선웅, 남)

미국에서는 대학 다니면서 '오늘은 뭘 도전해 볼까?'라고 자유롭게 생각하다가 한국에 온 지 일주일 딱 지났을 때, 출퇴근 버스 타고 다니면서 '아, 우리 사회에서 어떻게 결혼하고 전세를 구하지?'라고 생각하게 되더라고요. 달라지는 자신에 많이 놀랐는데. 저도 결혼 준비하지만, 별로 하고 싶지 않거든요. 그런데 그런 메인스트림을 벗어나기 너무 어려운 것 같아요. (정태호, 남)

한동안 일정한 일 없이 지내면서 동네에서 주목받았던 시선에 대해 불편함을 이야기하는 선웅 씨는 직장을 찾지 못한 괴로움보다 자신을 바라보는 주위 시선 때문에 더 힘들었다고 토로한다. 이직하는 과정에서 잠깐 쉬었던 시기였지만, 동네 주민들이 자신의 상황을 자꾸 물어봐서 함께 사는 어머니도 스트레스를 적지 않게 받았다. 선웅 씨는 대인 기피증까지 생겨 한동안 집 밖을 나가지 못한 적도 있다. 태호 씨 이야기도 마찬가지다. 외국에서 공부했던 태호 씨는 한국에 귀국하기 전까지는 다른 사람의 시선이나 삶의 기준에 큰 영향을 받지 않았다. 자신의 관심과 욕구를 중심으로 삶을 기획하고 판단했는데, 한국에 온 후에는 자신의 태도가 달라졌음을 스스로 느끼고 있다. 한국에서 살다 보니 주위의 시선과 기대에 무게를 두게 된다는 것이다. 자신도 모르게 다른 사람들이 살아가는 방식을 기준으로 자신의 삶을 계획하게 된다고 털어놨다.

저는 속으로는 불안하진 않은데, 시선들이 저를 불안하게 만드는 것 같아요. '왜 그때 제대로 하지 않았어?'라는 시선들요. 그 시기에 살아야 하는 패턴대로 살지 않았을 때는 약간 돌연변이? 도태된 사람? 그렇게 취급받는 게 저를 불안하게 만드는 것 같아요. (안선형, 여)

이 나이에 취업해야지, 이 나이면 뭐 정도는 갖추고 있어야지. 비단 부모님이나 친척뿐만 아니라 사회에서도 듣고 있어요. 우리 회사 오려면 네가 대학 정도는 나와야지, 석사 정도는 받고 와야지, 우리 회사 정규직 되려면 이 정도는 하고 와야지. 이게 다 꼰대질 아닌가요? (정현미, 여)

선형 씨는 혼자 살아가는 삶이 비정상이거나 문제라고 생각해 본 적이 없다. 20대에 주로 하고 싶은 일을 하고 살다가 현재 직장을 구하고 있지만, 자신의 삶이나 미래에 크게 불안을 느끼지는 않는다. 하지만 주위 시선에는 신경이 쓰인다. 30대인데 결혼도 안 하고 안정된 직업도 없는 채로 살아가는 자신을 향한 편견이 선형 씨를 불안하게 만든다. 현미 씨는 나이에 근거해 직업, 결혼에 따라 사람을 평가하는 공고한 고정관념이 못내 불편하다.

서른을 향한 시선은 성별에 따라 차별적이기도 하다. 30대가 가장 불편하게 생각하는 것 중 하나가 바로 젠더 스테레오타입gender stereotype이다. 사회가 정한 성 역할과 스스로 바라는 삶, 욕구의 차이가 크다는 것이다.

> 여자 친구가 돈을 더 벌고, 대신 저는 가정주부를 하는 게 꿈이에요. 제가 집안일을 하고 싶어요. 그런데 남자가 가정주부를 한다고 하면 "정신 나간 놈 아니야?"라고 해요. 그런 편견이 마음에 안 들죠. 왜 굳이. 나는 그런 걸 하면 안 되나? (김정민, 남성)

프리랜서로 일하는 정민 씨의 여자 친구는 정규직이다. 여자 친구 직장의 안정성과 임금이 상대적으로 높다. 따라서 정민 씨는 결혼하면 자신이 가사 일에 더 집중하며 살아가고 싶다. 그런데 남자가 가정주부 역할을 하는 것을 비정상적으로 보는 사회 시선 탓에 이루기 어려운 꿈일 것 같아 답답하기만 하다. 사회 통념상 남자인 자신이 더 안정적인 직장을 구해야 한다는 것이 부담스럽다. 회사에 출퇴근하는 규칙적인 일상은 몸에도 맞지 않아 더 고민스럽다.

30대 싱글 여성들이 일상적으로 경험하는 차별은 더 촘촘하고 복합적이다. 한국 사회에서 여성을 바라보는 관습적이고 차별적인 시선 때문에 겪는 불편함이 크다는 이야기가 많았다. 특히, 연애와 결혼을 둘러싼 시선들과 편견의 언어들은 30대 싱글로 살아가는 이들이 일상적으로 마주하는 화두였다. 다른 사람들이 살아가는 방식을 따라 살고 싶은 마음은 없지만, 주위 시선 때문에 흔들린다.

기본적으로 사회에서 바라는 30대에 대한 틀이 있잖아요. 19살 학생들이 봤을 때 32살은 완전 어른이거든요. '저 여자 선생님은 왜 아직 결혼을 안 했지?'라고 생각하는 거죠. 절 아시는 분들도, 32살인데 왜 결혼 안 하냐고 다 물어보시거든요. '만약에 내가 결혼했고 아이가 있으면 그런 질문을 저한테 안 하실까? 또 어떤 걸 물어보실까?'라는 생각이 들기도 해요. (김미영, 여)

남자 친구 없지, 결혼 안 했지, 부모님과 같이 살고 있지, 독립할 수 있는 여건이 안 되니까. 그리고 지금 제가 일을 잠시 쉬면서 (미래) 기반을 다지고자 일 같은 건 안 하고 있는데. 당

연히 불안하죠. 친구들은 대리, 과장 이렇게 하니까. 보편적인
삶을 살지 못하는 거에 대한 불안감은 사실 없어요. 저는 제가
하고자 하는 거를 하려고 불안을 이겨 내고, 마음이 되게 편안
하거든요. 사실 행복한데, '너는 왜 불안하지 않냐'라고 보는
시선들이 '내가 불안해야 하는 건가?' 이렇게 만드는 것 같아
요. (박지선, 여)

　30대 싱글 여성들은 꼭 결혼하고 싶지도 않고, 그로 인
해 불안하지도 않다. 그런데 '너는 왜 불안하지 않냐'라는 주위
의 시선 때문에 불안해해야 하는 건지 헷갈린다고 한다. 이른
바 '결혼 적령기'에 결혼하지 않는 여성을 비정상적이라고 바
라보는 견고한 사회 편견이 오히려 불안하게 한다는 것이다.
　젠더 스테레오타입을 대하는 태도에 있어서 30대 여성
은 20대 여성들과 차이가 있다. 30대는 젠더 스테레오타입과
거리를 두고 싶어 하지만, 그렇다고 거기서 완전히 자유롭지
도 않았다. 20대 여성들이 차별적인 사회 시선에 더 적극적으
로 문제를 제기하거나 냉소적이라고 한다면, 30대들은 마음
이 더 복잡하다.

　대한민국, 그래도 낫다, 지나가다가 총 맞을 일은 없다고 하지
만, 저는 이 나이 먹어도 아직 어린 여자애라고, 여자애가 사

회 생활한다고. 그런데 좀 먹고살 만하네? 이런 인식이 많아요. 그래서 남자들이 많이 무시해요. 거기에 대항해야 하니까 저는 거칠어질 수밖에 없거든요. 남자와 여자에 대한 처우가 조금. 그런데 편견과 차별이 바뀌기 어려울 거 같아요. (여성에 대한) 인식 자체가. (남경진, 여)

우리 세상이 생각하는 (여성의) 태스크task들이 있잖아요. 취업, 결혼, 나이 더 들면 출산, 육아. 그 기준에서 보면 전 아직 해낸 게 하나도 없으니까요. 그런 면에서 어떤 하나라도 완수했다는 안정감을 가지고 싶은 건지도 모르겠어요. (안수정, 여)

수정 씨는 서른이라는 나이에 맞는 안정적인 직업을 구해야 한다는 부담에 더해, 여성에게 부과되는 '결혼과 출산의 과업'에서도 자유롭지 않다. 여성이 완수해야 하는 "태스크task"를 말하는 그는 차별적인 사회적 시선을 내면화한 면도 없지 않아 보인다. 경진 씨는 직장 내 남성 동료들의 여성인 자신을 바라보는 차별적 시선에 대한 거부감이 크다. 직장이라는 공적 영역의 일은 여전히 남성 중심이고, 여성이 두각을 나타내면 부정적인 시선을 받는 현실에 화가 날 때도 많다. "어린 여자애"가 너무 잘나가도 불편한 시선을 감내해야 한다는 이야기는 여성들이 경험하는 보이지 않는 성별 위계와 차별, 그로 인한 어려움을 읽게 해준다. 남성 상사나 동료들과 타협하거나 부드러운 관계를 맺기보다는 만만해 보이지 않으려고 더 원칙적인 입장을 견지하고, 일부러 자기 목소리를 더 세게 내게 된다는 경진 씨의 대응 방식은 이런 맥락에서 이해할 수 있다. 사회적 시선에 마냥 '쿨cool'하기 어려운 낀 세대의 마음도 녹아 있다.

때로 현실적인 상황이나 조건보다 주위의 시선이나 평가가 더 힘들다. 사회적 통념에 휘둘리지 않고 자유로운 영혼으로 살고 싶은 마음은 어디까지나 내적 욕구일 뿐, 30대들은 사회 관습과 타인의 시선을 민감하게 받아들인다. 자신만의 삶의 방식을 중요하다고 말하는 30대가 타인의 시선을 강하게 의식하거나, 때로는 그 기준에 자신의 삶을 맞추게 된다는 것은 일면 모순적이다. 성장기 내내 끊임없이 가정과 학교에서 평가받고 통제받았던 경험이 몸과 마음에 새긴 자기 관리와 규율의 흔적일 수도 있다. 이후에도 이어지는 경쟁 속에서 일상적인 외부 평가나 시선이 의식적, 무의식적으로 중요하게 작용했을 것이다.

인정받고 싶은 욕구는 본능적 욕구에 가깝다. 그러나 30대에 들어서도 내세울 것 없는 자신을 바라보는 타인의 시선에 대한 자각은 이들의 마음에 적지 않은 스크래치를 남기게 된다. 상처받은 자존감은 조바심과 불안으로 이어질 수밖에 없다. 주변 시선이 자신의 상황을 무엇인가 부족하거나 비정상적인 것으로 인식하게 해서 불안하다는 청년들의 이야기는 이 점에서 이해할 수 있다. 한 개인이 자신을 스스로 정의할 때 타인의 시선과 인정 여부는 적지 않은 영향을 미친다. 불안을 사회와 개인이 자연스럽게 상호 작용한 결과로도 볼 수 있다. 개인의 정체성은 한 번에 결정되는 것이 아니라 지속적인 사회화 과정의 결과이기 때문이다.[23]

수저가 정하는 루저

서른이 되니 이제야 세상이 제대로 보인다는 청년들은 부조리한 현실에 분노하게 된다고 한다. 20대에는 앞이 잘 보이지 않는 불안한 시간을 보내면서도 막연하게나마 열심히 하다 보면 무엇이든 돼 있을 거라고 기대했다. 그러나 30대에 들어서자 자신의 기대를 배반하는 세상의 실체가 비로소 분명해지기 시작했다.

열심히 살다 보면 대단한 성취는 아니어도 어느 정도 안정된 직장을 얻고, 결혼해서 아이도 낳아 그럭저럭 '평범하게' 살아갈 수 있을 것이란 희망은 이들이 바란 소박한 서른의 삶이었다. 그런데, 막상 서른이 되니 여전히 자신은 무엇 하나 이룬 것도 없고, 이 세상은 노력한 대로 살 수 있는 곳이 아니라는 것을 비로소 알게 됐다.

그동안 우리 사회는 가파른 고성장 시대를 거치면서 개인의 능력과 노력으로 삶을 바꿀 기회가 상대적으로 많았다. 30대가 보낸 성장기는 능력과 노력에 따른 보상을 기대할 수 있었던 시절이었다. IMF와 세계 금융 위기를 거치며, 이러한 믿음에 균열이 가기 시작했지만 그래도 노력하면 된다는 믿음을 완전히 버리지는 않았었다. 하지만 막상 서른이 되어 마주한 현실은 이런 기대가 헛된 꿈이었음을 아프게 깨닫게 해주었다. 30대들이 현재 자신이 처한 상황에 대해 불안을 넘어

분노를 표출하거나 현실에 냉소하면서 패배감을 이야기하는
것은 이 때문이다.

저는 고졸이니까 대졸보다 차별이 너무 심한 거예요. 어디 구
직을 하더라도, (회사에서) 학력을 가장 먼저 보는 거예요. 제
수준에 맞는 일을 하다 보니까 요즘 젊은 사람들처럼 LG전자,
삼성전자 이런 건 꿈도 못 꾸고. 어디 중소기업이나 들어갔으
면 좋겠다는 바람인데 그것도 쉽지 않은 거죠. (이창연, 남)

뭐든 성취감이라는 게 있어야 하잖아요, 뭐든. 어느 순간 올라
가다가 말 그대로 나락으로 떨어지는 걸 한 번씩 느껴요. '이
만큼 했는데 왜 안 되지' 이런 생각을 한단 말이에요. 방송에
서 (경제적으로 성공한 사람들을) 보면, 아무리 노력해도 못
따라갈 것 같아요. 노력했는데도, 자괴감이 생기는 거예요.
(임지훈, 남)

어떤 노력을 해도 더는 나아지지 않을 것 같은 삶, 더는 깨지
못할 것 같은 벽이 있는 것 같아요. 치솟는 부동산값을 보면
저걸 내가 살 수 있을까? 당연히 못 사지. (홍선영, 여)

창연 씨와 지훈 씨는 각각 고등학교, 지방대 졸업이 최

종 학력이지만 삶에 최선을 다하며 살아왔다고 자부했다. 뭔가 할 수 있을 것이란 기대도 있었다. 그러나 이들에게 서른은 이 사회에 학력도, 배경도 변변치 못한 사람의 자리는 없다는 걸 절감한 나이였다. '하면 된다'는 말은 현실과 동떨어진 낡은 구호임을 서른을 넘기면서 경험으로 알게 된 것이다. 노력으로 인한 보상도 아무에게나 허락되지 않는 현실에 분노와 허탈감만 든다고 말한다. 이런 현실과 마주하면서 자신에게도, 사회에게도 화가 나고 절망스럽기만 하다. 방송에서의 성공담도 나오는 거리가 먼 그들만의 세상일 뿐이다. 언론에서 떠드는 부동산 이야기에 상실감만 든다는 선영 씨의 이야기도 마찬가지다. 도저히 따라갈 수 없는 삶이고, 그래서 자괴감만 들 뿐이다. "어떻게 노력해도 더 나아지지 않을 것 같은 삶, 더는 깨지 못할 것 같은 벽"을 느끼면서 '노오력의 배신'[24]을 이야기하는 경우는 이를 단적으로 드러낸다. 이러한 절망과 분노는 상대적으로 학벌이나 부모의 사회·경제적 배경이 좋지 않은 청년들에게서 더 두드러졌다. 이들은 구조적으로 견고한 계층의 벽 앞에서 개인의 노력에 의한 자아실현은 가능한 일이 아님을 깨닫게 된다. 노력도 특정한 계층에게나 의미 있다는 것을 체감한 결과이기도 하다.[25]

'수저론'은 한국 사회의 계급 세습론을 가장 적나라하게 드러내는 언어다. 2015년 한국 사회를 뜨겁게 달궜던 수저론은 청년 실업, 부익부 빈익빈 등의 문제와 맞물리면서 사회적으로 큰 반향을 일으켰다. 청년들이 체감하는 현실은 이미 《88만 원 세대》에서 통찰한 대로, 현재 30대(당시 20대)는 이전 어느 세대보다도 높은 사회적 욕구를 보여 주지만 사회 진출이나 성공의 기회는 제약을 받는 구조적으로 불리한 위치인 것과 관련 있어 보인다.

88년도에 올림픽 아파트 30평이 얼마였는지 아세요? 1억 6000만 원이었어요. 16평짜리 아파트 전셋값 정도였어요. 지금은 18억이에요. 10배 뛰었어요. 제가 제일 화나는 게 뭐냐면요. 우리 엄마, 아빠한테 제일 화가 나요. 왜 이렇게 집값을 올려놨나. 일자리가 서울밖에 없어서 먹고살려면은 결국 서울에 살아야 하는데, 진짜로요. 금수저로 안 태어났는데 여기 살려면 30대부터 빚 2억 지고 시작해야 하거든요. 그게 제일 서러워요. (김혜선, 여)

흙수저가 아무리 흙 파면 뭐해요. 계속 흙수저인 거예요. 금수저는 파면 점점 더 올라가고. 있는 사람이 점점 더 살기 좋아지는. 우리나라는 그런 것 같아요. 옛날에는 저축하고, 졸라매면 내 집 장만할 수 있다는 그런 꿈이라도 있지만, 지금은 없잖아요. 솔직히. 아무리 노력해도. (이정훈, 남)

이들은 이전 세대보다 삶의 기회는 제한적인데, 이마저도 어떤 부모에게서 태어나느냐에 따라 확연히 달라질 수밖에 없는 현실에 분노한다. 기성세대가 집값을 쳐다도 볼 수 없게 올려놔 금수저가 아니면 빚을 지고 시작해야 한다는 현실이 서럽다. 아무리 노력해도 집 장만은 꿈도 못 꾸는 세상에 화가 난다. 이는 세대 간 격차, 세대 안의 계층 차이가 서로 상승 작용하면서 삶의 격차를 벌려 온 현실을 마주한 30대의 상처이기도 하다.

> 음악은 두 가지 부류 중에 하나거든요. 집에 엄청나게 돈이 많다거나 아니면 그냥 음악이 좋아서 한다거나. 경제적인 부분들은 따라갈 수가 없어요. 왜냐면 집에서 전폭적으로 지원해 주면, 제가 열 몇 시간을 연습해도 그 친구들은 해외로 유학 한 번 갔다 오면 타이틀 경쟁이 끝나 버리거든요. 백날 연습하고 상 받고 해도 유학 타이틀을 이길 수 없어서 (중략) 나는 왜 집에 돈이 없을까. (김정민, 남)

수저론에 빗대 허탈과 절망을 말하는 목소리는 불안과 현실적 무능력이 자신들만의 탓은 아니라는 이유 있는 항변이다. 기성세대 혹은 사회를 향한 분노이기도 하다. 심리학은 불안이라는 내면의 감정이 외부로 향하게 될 때 대부분 분노로 표출된다고 한다. 이 점에서 30대의 분노와 좌절은 세상으로부터 상처 입은 마음의 적극적인 표현으로 읽을 수 있다. 부모로부터 경제적 지원을 기대할 수 없는 처지라 온전히 자신의 노력과 실력으로만 삶을 스스로 책임져야 하는데, 이들이 현실에서 마주한 것은 넘을 수 없는 타고난 계층의 벽이다. 부모를 잘 만나는 것이 제일 중요하다는 걸 깨닫게 됐다는 30대들의 이야기는 우리 사회가 견고하게 쌓아 올린 세대 간, 계층 간 장벽이 이들에게 어떤 상처로 다가가는지를 잘 보여 준다.

주목할 점은 이와 같은 분노와 좌절이 대부분 또래 친구들이나 동료들과의 비교에서 느끼는 상대적 박탈감이라는 것이다. 청년들이 느끼는 박탈감이나 빈곤감은 상대적이며 동시대적이다. 이들은 부모 세대와 비교해 자신들의 존재 조건을 평가하지 않는다. 대신, 같은 시대를 살아가는 다른 청년들과 비교하면서 자신의 현실을 보게 된다. 금수저를 입에 물고 태어나 자신과는 시작부터 다른 삶을 살아가는 그들만의 세상을 바라보는 일은 씁쓸할 수밖에 없다. 노력과 실력으로 타고난 신분을 넘어서기 어렵다는 것을 새삼 자각하게 됐다는 이야기는 이들의 패배감이 어떤 것인지를 잘 보여 준다.

나라가 책임져 주나

우리 사회가 말하는 평범한 삶에는 결혼이 포함된다. 30대는 긍정적이든 부정적이든 결혼에 대한 관심이 많았다. 하지만 적지 않은 이들이 결혼을 포기하거나 거부한다. 연애나 결혼을 사랑이라는 낭만적인 정서와 연결하는 모습은 찾아보기 어려웠다. 내 몸 하나 건사하기도 버거운데 경제적, 심리적 비용을 생각하면 연애도 쉽지 않다고 한다. 연애와 비교해 결혼은 물리적 조건과 더 직접적으로 맞닿아 있다.

> 독립운동할 때도 결혼하고 애 낳고 다 했는데 넌 왜 연애를 못 하냐고 얘기하는데, 요즘 청년들은 그런 얘기 더 많이 해요. 6.25 전쟁보다 지금이 더 힘든 거라고. (김진성, 남)

> 결혼하려다가 파혼했거든요. 집을 마련하는 과정에서 내 돈이 이렇게 많이 들어가는구나. 그때 턱 깨달았거든요. 그게 겁나서 다시 결혼 못하겠다고 한 적 있었어요. (중략) 이만한 집에 살다가 요만한 집에 살고, 반전세라서 월세를 내고. 이런 게 현실적으로 와 닿으니까. (양효선, 여)

> 30대부터 조금씩 걱정되더라고요. 왜냐면 국가가 보장해 주지 못할 거라는 생각이 들면서, 저희가 미래를 전망해 보면,

집 마련할 때 어쨌든 빚을 질 건데. 최소한 10년 이상을 일해야 할 것 같은데. 계속 꾸준히 일할 수 있을까, (결혼하게 되면) 둘 중 한 명이 아프면 어떡하지 하는 불안이 있어요. (송현재, 남)

생존 공포를 느끼는 요즘을 "6.25 전쟁보다 더 힘든" 시기로 표현한 것에서 30대가 자신들의 현실을 어떻게 느끼는지 알 수 있다. '전시戰時'와도 같은 힘겨운 상황을 살아가는 이들에게 결혼은 자유로운 선택의 문제로 다가오지 않는다. 경제적 자격을 갖춘 계층에게만 허락되는 특별한 일로 여겨진다. 연인과 결혼을 계획하고 있는 현재 씨는 빚과 함께해야 하는 결혼 생활과 아무도 책임져 주지 않을 것 같은 미래가 불안하기만 하다. 대출을 갚아 나가는 결혼 생활을 견디기 어려울 것 같아 파혼을 결심한 효선 씨의 사례도 마찬가지다. 어렵지 않은 가정환경에서 자란 효선 씨는 결혼을 준비하는 과정에서 조그만 신혼집을 빚까지 내가면서 마련해 살아야 하는 현실을 감당할 자신이 없었다.

30대에게 결혼은 낭만적인 사랑의 결실이 아니다. 현실적인 문제를 개인이 오롯이 책임져야 하는 예측 가능한 공포다. 특히 이전 세대와 비교해 상대적으로 풍요로운 환경에서 성장한 30대에게 결혼으로 인한 경제적인 부담은 공포의 깊이를 가늠할 수 없게 한다. 이전 세대와의 비교가 아닌, 이들이 지금 여기에서 절실하게 느끼는 주관적인 현실이다.

30대가 전제하는 결혼에 필요한 경제적 자격 혹은 능력은 당장 해결해야 하는 신혼집을 마련하는 일에만 한정되지 않는다. 향후 육아와 자녀 사교육 비용 부담 등 장기적인 과업까지 포함한다. 이들에게 결혼은 자녀 양육과 교육으로 연결되는 무한한 부담과 책임의 장으로 들어가는 일이다. 그런데, 30대들의 이야기에는 이를 감당할 자신이 없다는 비관적인 미래 전망이 매우 짙게 깔려 있었다. 주거 문제와 육아 문제까지 생각하다 보면 결혼과 출산은 '노답'이라는 것이다.

우리 아버지도 어렸을 때는 10평짜리 단칸방에서도 살았다고 하시는데, 그럼 제가 그래요. 그건 그때 얘기고요. (중략) 지금 저희 직장에 계시는 여성분 아들이 일곱 살인데 영어 유치원 비용이 88만 원이래요. 병설 유치원에 입학하면 로또가 된 거나 다름없다고 하시더라고요. 둘째는 병설 유치원이 안 돼서 50만 원짜리 유치원을 보내고. (정창선, 남)

결혼하고, 벌어먹고 살 자신이 없는 거예요, 솔직히. 그러다가 아이 낳고 학교 보내야 하고. 애한테 들어가는 돈이 수억 원이라고 하대요. 그러면 60~70살까지 일해야 하는 거예요. (이찬현, 남)

창선 씨와 찬현 씨 모두 결혼하고 싶은 마음이 없는 건 아니다. 가족의 기대나 압력도 무시하기 어려워 지난 몇 해 동안 결혼을 심각하게 고민했지만, 지금은 마음을 접었다. 무엇보다 집을 구할 능력이 안 되기 때문이다. 멀게는 교육까지 생각하니 도저히 답이 나오지 않는다. 주위 이야기를 듣다 보면, 결혼은 이번 생에서 불가능하다는 냉정한 판단마저 든다고 한다.

30대가 비혼과 비출산을 택하는 이유는 경제적 부담이 전부가 아니다. 미래의 내 아이가 살아갈 만한 세상인가라는 생각이 들면 결혼과 출산을 포기하게 된다고 한다. 자신이 겪어 온 좌절과 어려움을 아이에게까지 대물리고 싶지 않다는 것이다.

'이 아이가 얼마나 더 치열하게 살아야 살아남을 수 있을까?' 저는 제 조카를 보면서 그 생각을 많이 하고 있어요. 제 아이에 대해서는 또 어떤 기분일지는 모르겠지만 그걸(치열한 경쟁을) 주고 싶지 않다고 생각해요. 아이가 힘들어할 때 분명히 제가 같이 감당해 줘야 하는 부분이 있을 텐데 '과연 이 아이에게 답을 줄 수 있을까?' 이런 생각도 들고. (김명은, 여)

키우는 것보다도 어쨌든 간에 아이가 살아갈 세상인데, 그렇게 '보여 줄 만한 세상인가'라는 생각이 들어요. 그런 부분에서 굉장히 회의적인 건 있어요. (신혜정, 여)

애는 또 무슨 죄를 지어서 나랑 똑같이 풀칠을 못 하고 살아야 하나. 이걸 굳이 대물림할 필요가 있나, 이 각박한 세상에서. (김민호, 남)

아이를 낳아서 키우고 싶다는 마음은 개인적인 바람을 넘어 사회에 대한 신뢰, 미래에 대한 희망과 맞닿아 있다. 신뢰나 희망 없이 자신의 삶을 긴 안목으로 기획하고, 다음 세대를 키우는 일을 선택하기는 어렵다. 결국은 아이가 자신의 삶을 "대물림"할 수밖에 없을 것 같다는 이야기에서는 삶에 대한 청년들의 비관적 전망이 읽힌다. 여러 가지 이유로 어쩔 수 없이 결혼하더라도 아이는 낳지 않겠다는 이야기가 적지 않은 것도 이 때문이다.

법적으로 굳이 구속하고 양가 가족 간의 거래 같은 형식을 취하며 우리가 굳이 이런 제도 안에 들어가야 하느냐. 서로 대학교 때부터 만난 파트너라 가능하면 동거하는 게 제일 좋은데, 너무 당연하게 양가 부모님들은 결혼할 거라 기대하시고. (중략) 하지만 어쩔 수 없이 결혼했을 때의 제도상의 이점도 포기할 수 없고. 신혼부부 대상 임대 주택, 대출 제도라든지 포기하기 어려워서 결혼은 일단 한다, 가능한 한 간소하게 하고 싶다. 근데 출산은 안 하겠다는 건 합의하고 있거든요. (김세현, 여)

저희 인생도 없어지고, 시간도 굉장히 많이 할애해야 하고. 가령 직장에서 더러운 꼴 보더라도 참아야 하는 경우가 생기고. 제 선택의 준거가 자식이 돼 버리면 어렵겠다는 생각이 들더라고요. 그래서 일단 우리가 엄청나게 큰 결심을 하고 다시 생각해 보는 게 아니라면 낳지 않기로 했습니다. (이신정, 여)

세현 씨에게 결혼은 부모의 기대에 부응하거나 신혼부부에게 주어지는 주거 혜택이나 대출 등 제도적 이점을 활용하는 도구 이상의 의미는 없다. 부모가 이해해 주고, 동거도 결혼처럼 사회적 관계로 인정해 준다면 굳이 결혼이라는 제도 속으로 들어가고 싶지 않다. 인터뷰에서 만난 30대 대부분은 세현 씨처럼 동거를 긍정적으로 생각하고 있었다. 결혼과 같은 법적, 사회적 보호가 없어도 동거를 선택하겠다는 이들도 있었다. 지금 30대에게서 결혼과 가족의 전통적 정의에 대한 균열이 본격적으로 시작되고 있음을 암시하는 대목이다. 특히 전통적인 정서와 달리 여성들에게 결혼이나 가족이 더는 1순

위가 아니다. 비혼이 소수의 특별한 여성들의 선택이 아니라 새로운 보편적 선택지로 확산하는 중심에는 30대가 있다.

결혼은 한다 해도 출산은 선택지에 없다. 신정 씨처럼 출산과 육아로 인한 개인 삶의 희생을 계산하기도 한다. 자신들의 삶을 희생하면서까지 굳이 출산과 육아를 선택할 이유가 없다는 것이다. 30대에게 결혼과 출산은 옵션일 뿐 필수가 아니다. 출산은 결혼의 자연스러운 결과물이 아니라 "엄청나게 큰 결심"을 감행해야 하는 일이 된다. 그 이면에는 개인이 오롯이 육아를 책임져야 하는 부담감과 두려움이 잠재돼 있다. 그리고 그 부담은 한국 사회에서 여전히 여성이 떠안아야 하는 경우가 많다. '82년생 김지영'에게 많은 여성이 공감했던 이유다. 육아를 책임질 수 있는 가족의 도움 혹은 경제적 능력이나 사회적인 양육 시스템이 부재한 상황에서 결혼과 출산은 단순히 개인적 선택의 문제가 아니다. 여성들의 결혼이나 출산 거부는 개인의 선택을 넘어 구조적 문제와도 깊숙이 연결되어 있다.

이전 세대의 여성들이 비혼을 선택할 수 있는 가장 중요한 요건은 경제적 능력이었다. 비혼 1세대로 불리는 40대에서도, 경제적으로 독립이 가능한 여성들이 결혼을 굳이 선택하지 않았던 경우가 많았다. 그런데 인터뷰에서 만난 30대의 비혼은 결혼과 양육을 감당할 수 있는 경제적 능력의 결여

와 연결돼 있었다. 이들의 결혼과 출산 거부를 시대 변화에 따른 문화적 현상을 넘어 새로운 생존의 방식으로 읽어야 하는 대목이다. 개인적인 삶의 비전에 따른 자발적 선택인 경우라 할지라도, 그 뒤편에는 이런 선택을 하게 한 환경이 있다. 문제는 이러한 사회 구조와 시스템이 앞으로 더 나아질 것이란 희망이 이들에게는 없다는 것이다. 최근 사회적 화두로 떠오른 저출생 현상을 극복하기 위해서라면 단순히 경제적 지원을 넘어 혼인과 출산이 개인에게 기꺼운 삶의 선택이 될 수 있도록 사회 구조와 문화를 어떻게 바꿀 것인가를 고민해야 하는 이유이기도 하다.

나라는 기업의 CEO

자신이 서 있는 자리에 대한 불안은 이를 극복하기 위한 다양한 전략으로 이어진다.[26] 가장 두드러지는 모습은 경쟁에서 살아남기 위한 끊임없는 자기 계발이다. 즉, '자기 경영'에 몰두하며 삶을 스스로 책임지고 역량을 키워 신자유주의적 주체로 살아가는 전략이다. 취직하고도 보다 안정적인 공무원 시험에 도전하거나 새로운 지식이나 기술을 끊임없이 익히고 다양한 자격증 취득으로 이직을 준비하는 등 현재의 불안함을 극복하기 위해 각자도생의 길을 걷는 경우가 대표적이다. 경쟁에서 살아남기 위한 일종의 '자기 브랜딩' 전략이라고 할 수 있다.

주목해야 할 건 정규직인 30대도 불안을 느낀다는 점이다. 정규직이라고 해서 생존 경쟁에서 예외는 아니며, 지금의 안정적인 삶이 언제까지 보장될 수 있을지도 모른다는 것이다. 이른바 '엘리트 정규직'으로서의 삶을 살고 있지만 한 번도 안정감을 느낀 적이 없다거나, 현재 대기업에서 일하고 있지만, 이 회사도 언젠가는 없어질 수 있다는 식의 일상적 위기의식을 드러내는 경우가 적지 않다. 불안은 청년들의 마음에 깊게 뿌리내리고 있었다.

정규직이 아닌 분들은 '정규직은 이런 거야'라고 정의하실 수 있을 텐데. 정규직 입장에서는 '정규직이 뭐지?'라는 생각을 해요. 왜냐면 저는 제 직업에 대해 안정감을 느낀 적이 한 번도 없어요. 언제든 밀려날 수 있고 언제든 잊힐 수 있고. (중략) 언제든 사회, 조직, 경쟁에서 밀려날 수 있다고 생각하기 때문에. 그건 다른 정규직 친구들도 마찬가지고요. (정태호, 남)

입사하자마자 자기 계발해요 요즘에는. 그러니까, 직장을 다니면서도 자연스럽게 기술을 배우려고 코딩을 배우고 프로그래밍을 배우고. 문과 나와서 디자인을 배우고 앉아 있고. 왜냐, 자본금이 날아가면 이 주식회사는 없어지거든요, 어쨌든. 정규직이고 뭐고 간에. (주영훈, 남)

회사라는 곳은 제가 제 발로 들어갔다가 제 발로 나와야 하는 곳인데, 하루아침에 그냥 팀이 없어지면서 갑자기 나오게 된 거예요. 그러면서 '이게 회사가 규모가 있다고 해서 안정적일 수가 없겠구나'라는 생각을 했던 것 같고. (최명희, 여)

이들은 상황이 변하면 언제든지 밀려날 수 있거나 회사가 사라질 수 있다고 불안해한다. 언젠가는 닥칠지도 모를 잠재적 위험으로 생각한다. 따라서 정규직이 된 이후에도 내일을 불안해하며 살아가는 것이다. 개인 경쟁력을 갖기 위해 끊임없이 자기 계발을 하며 스스로 신자유주의적 주체가 되기를 강요하는 '피로 사회'[27]의 단면이 녹아 있기도 하다. 신자유주의적인 주체는 타인과 비교하며 끊임없이 자신을 착취하는 삶을 살아가게 된다. 일상적인 불안은 초경쟁 사회에서의 생존 법칙을 몸에 익힌 경험에서 나오는 마음의 무늬일 가능성이 크다. 30대는 자기 계발이 일상화되고 공동체의 기반이 무너진 사회 환경 속에서 자라고 성장했다. 이런 상황에서 자아를 기업화하도록 변화했다고도 볼 수 있다.

　자신들보다 그리 능력이 뛰어나지도 않은 것 같은데, SNS를 통해 실시간 확인되는 잘나가는 친구나 지인의 이야기는 이들을 더 불안하게 한다. 30대가 최근 주식과 부동산 투자에 적극적인 이유도 이런 관점에서 이해할 수 있다. 부동산이나 주식 투자 전문가의 강연이나 유튜브 방송의 고객은 30대가 대부분을 차지하고 있고, 이들이 이른바 '영끌'이나 '동학 개미 운동'을 이끌고 있다. 회사도, 사회도 나를 책임져 주지 않는다는 냉철한 현실 진단을 바탕으로 한 전략적 선택의 성격도 있다. 더는 회사 등 조직에 충성하거나 목매지 않고 일상적으로 개별적인 삶을 기획하기 시작한 세대의 출현이라고 볼 수도 있다. 문제는 일상적인 불안에 기반한 자기 계발이 주체적인 선택과 실천으로 보이지만, 성과 사회에서 살아남기 위해 자신에게 강요하는 행동 방식일 수 있다는 점이다. 더구나 고립되고 분산된 개인의 노력만으로 구조적 환경을 넘어서는 데에는 한계가 있을 수밖에 없다. 무엇보다 모두가 그런 능력과 기회를 얻을 수 있는 것도 아니다.

적당히, 한 방

오늘의 고통을 견디면서 살아갈 수 있게 하는 것은 내일에의 희망이다. 우리 대부분은 마음속에 판도라의 상자 하나쯤은 지니고 살아간다. 내일에의 희망을 가능하게 하는 것은 사회와 시스템에 대한 신뢰다. 그런데 30대는 희망이 없다고 이야기한다. 열심히 살아도 무엇인가를 손에 쥘 수 없다고 판단될 때 대안은 많지 않다. 그냥 포기하고 대충 살거나, 절망과 분노로 고통스러워하거나, 인생을 역전 시킬 수 있는 한 방을 꿈꾸게 된다.

> 너무 힘드니깐. 난 앞으로 집도 없고 30년 동안 월세 살다가, 추운 날 길바닥에 나앉고 (그런 것들이) 걱정되니 로또를 사고, 어저께도 1만 4000원어치 샀다가 5000원까지밖에 당첨 안 되고. (민신영, 여)

> 저희 아버지 세대라면 '아 열심히 일하면 되는구나' 이게 되는데, 지금 세대에서는 잘해 봐야 빚 안 지면 다행이다, 이 생각밖에. (김창선, 남)

숨을 쉬면 돈이 드는데. 돈을 벌기 위한 일자리는 너무 척박하고, 그 일자리를 내가 잡지 못하면 다 빚이 되니까. (중략) 북유럽 사회 민주주의 국가에서 청년이라고 한 달에 70만 원 정도씩 생활비 주면서 사회적 열외 계층에 있는 사람들에게 교육이나 의료, 복지를 제공하는 것. 그 상황 정도는 돼야만 꿈이라는 말이 나오지, 지금 이 상황에서는 숨만 쉬면 빚이 되는데. 이 빚을 갚지 못하면 내 생명이 위태로운데. 여기서 저는 어떻게 꿈이라는 관념적 단어를 말할 수 있는지 매우 궁금하거든요. (김혜선, 여)

노력하고 저축해서 설계할 수 있는 미래를 꿈꾸기 어려운 청년들에게 가능한 삶의 전략은 이렇게 "적당히 살아가거나", "로또를 사"는 것이다. 혹은 창선 씨의 경우처럼 "빚 안지면 다행"이라는 생각으로 그냥 살아가는 수밖에 없다. "숨만 쉬어도 빚이 되는" 현실에서 꿈은 관념적인 단어일 뿐이라는 혜선 씨의 이야기도 마찬가지다. 현재는 불안정하고 미래는 불안한 청년들에게 다른 선택지가 없기 때문이다.

과연 마냥 저축만 하는 게 답일까, 제로 금리를 넘어서 마이너스 금리까지 가는 거 아닐까, 우리가 돈을 맡겨 놓고 수수료를 내고 있고. 그러다 보니까 주식 시장에서도 '개미들은 가능성이 없다'는 이야기가 이슈가 됐어요. 그래서 비트코인 같은 것들이 새로운 로또를 꿈꾸게 하는 건 아닐까 해요. (김현철, 남)

이들에게 포기란 현실을 파악한 자의 지혜로운 선택이다. 현철 씨의 이야기는 정직한 노력만으로는 희망이 없다는 청년들이 왜 비트코인에 열광하는지 혹은 부동산 로또를 꿈꾸는지를 설명해 준다. 어쩌다 내게도 있을지 모르는 행운에 대한 베팅인 셈이다. 한 방에 대한 욕망은 사회에 대한 청년들의 '신뢰 없음' 혹은 '희망 없음'에 대한 반응일 수 있다.

최근 체제 밖으로 영영 떨어져 나가는 청년층을 의미하는 니트족이 늘고 있다는 이야기들은 '하류 사회'[28]의 징후가 우리 사회에 그림자를 드리우고 있음을 암시한다. 여기에서 하류는 단순히 경제적 의미의 하층만을 의미하지 않는다. 희망과 의욕의 부재다. 30대가 말하는 절망과 포기에는 금수저가 아닌 이들이 어떻게 치열하게 싸우며 살아가는지, 그리고 궁극적으로 어떻게 포기의 길을 걷게 되는지가 담겨 있다.

새롭게 연결되기

유발 하라리는 《사피엔스》에서 인류사를 통찰해 보면 가족과 공동체가 돈과 건강보다 개인의 행복감에 더 많은 영향을 미친다고 말한다. 현대인들이 지난 2세기 전 사람들보다 더 불행하다는 것에서 그 단서를 찾을 수 있다는 것이다. 현대인들은 물질적으로 풍요로운 시대에 살고 있지만, 관계와 공동체의 붕괴로 인해 오히려 예전보다 더 살기 어렵고 힘들다고 느낀다.

30대가 결혼을 거부하는 적지 않은 이유 중 하나도 관계와 공동체 해체에 대한 두려움이다. 부모님의 이혼 등 가족 해체를 겪은 상처, 주위에서 어렵지 않게 목격하는 이혼 등으로 관계의 불안정성을 잘 알고 있기 때문이다.

주변에 결혼해서 행복한 친구들도 있지만, 불행한 친구들이 더 많아요. 결혼 안 한 친구들도 많지만. 그것도 많이 작용하죠. 나도 저래 살게 되진 않을까? 내가 저래 된다고? 애들 보면 이혼도 하고 하니까. 그걸 너무 쉽게 생각하는 게 아닌가? 요즘 이혼을 너무 쉽게 하잖아요. (정소진, 여)

저희 엄마가 각방 쓰는 거, 각방 쓰신 지가 꽤 되셨는데도 아직도 저도 힘들어요. 그걸 받아들이는 게. 마치 정상이 아닌 것 같은 느낌이 드니까. 결혼이라는 게 그냥 이렇게 지금 네가 너무 좋고, 이거(결혼) 하자 약속해야 해서 하는 게 다 행복해지는 게 아니라고 느껴져서. (홍선영, 여)

선영 씨는 부모의 불화를 보며 성장했다. 그에게 가족은 언제 깨질지 모르는 불안한 울타리일 뿐이었다. 소진 씨도 지인들의 이혼을 자주 접하면서 결혼을 통한 관계의 지속성과 안정성을 향한 기대를 접었다. 30대가 느끼는 관계의 불안에는 이들이 통과해 온 시공간의 특성도 녹아 있다. IMF 시기는 삶의 위기가 일상이 되고, 가족 등 관계의 해체가 본격적으로 드러난 시기다. 불안정한 환경 속에서 불안을 일상적으로 겪었던 경험은 삶과 관계에 대한 신뢰와 안정을 무너뜨린 계기가 됐을 것이다.

그래서 생긴 청년 세대의 특징 중 하나가 '쿨'하다는 것이다. 기성세대의 근면 성실, 인내는 이들에게 낡은 시대의 유물일 뿐이다. 인간관계의 끈끈함은 부담스러워 사양한다. 인터뷰에서 만난 30대들에게도 이러한 '쿨내'가 있다. 부당하거나 힘겨운 상황에 대해 관계를 봐서 '참고 견디라'는 기성세대의 주문은 이들에게 불합리한 구시대의 문화를 강요하는 낡은 문법일 뿐이다. 책임져야 하는 관계가 부담스러워 연애나 결혼을 꺼리는 모습도 비슷한 맥락이다. 관계에 들어가는 감정적 비용을 줄이고 싶은 마음도 읽힌다.

그런데 30대는 '쿨함'을 추구하는 동시에 고단한 삶을 위로받을 수 있는 관계를 열망한다. 힘겨운 삶을 홀로 버티기가 쉽지 않은 이들의 간절한 마음을 읽게 해준다. 누구에게도 의지하지 않고 쿨하고 세련되게 살고 싶지만, 마음만큼 쉽지 않다. 고군분투하며 경쟁과 불안으로 몸과 마음이 황폐해지면 최소한의 안정을 위해 기댈 수 있고 신뢰할 수 있는 누군가가 절실해진다. 이 삶을 함께 견딜 수 있는 사람, 내가 믿을 수 있는 사람이 필요하단 것이다.

관계는 딱히 안 만들고 싶어요. 그걸 못 지켰을 때의 좌절감이 무섭거든요. 그래도 제일 중요하게 생각하는 건, 지금까지 살면서 내가 믿을 수 있다고 생각하는 사람들. 이 사람들은 중요한 것 같아요. (안수정, 여)

이 사회 자체를 모두가 견디고 있다고 생각해요. 견디는 힘이 어디서 나올 수 있느냐는 질문의 답은 함께 하는 동지들이 있는 것. 그 관계가 힘인 거죠. 가족도 그렇고. 견딜 수 있게 하는 힘들을 만드는 게 과제가 아닐까 해요. (중략) 제가 아무리 못 살아도, 돈 없어서 밥을 못 먹을 때에도 친구들이 "이런 시기가 있는 거야" 하면서 위로해 주는 문화가 저를 지켜 주고, 이런 선택을 해도 괜찮다고 여기게 하지 않았나 해요. (정아영, 여)

실망과 좌절이 두려워 관계는 "딱히 안 만들며" 살고 싶지만, 내가 믿을 수 있다고 생각하는 사람은 중요하다는 수정 씨의 이야기는 관계에 대한 30대의 양가감정을 읽을 수 있게 한다. 거리를 두고 싶지만, 그래도 안전한 관계를 열망하고 있음을 동시에 보여 주고 있기 때문이다. 대학원에서 공부할 때나 지금 직장에서 일하면서도 힘든 건 공부나 일 자체보다 사람 때문이었다. 그래서 편하고 친밀한 관계를 원하기도 하지만 한편으로는 부담스럽고 불편하다. 관계에 대한 냉정과 열정 사이에 있는 청년들의 복잡한 내면이기도 하다. "이 사회 자체를 모두 견디고" 있다고 생각한다는 아영 씨의 이야기도 서로 믿고 기댈 수 있는 관계가 그에게 어떤 의미인지를 알려 준다.

경쟁적 환경에서 비롯된 삶의 긴장은 나를 전적으로 이해해 주고, 나를 어떻게 평가할지 걱정하지 않아도 되는 사람과의 관계를 역으로 꿈꾸게 한다. 따라서 따뜻한 위로와 진정한 응원을 받을 수 있는 사람을 찾게 된다. 최근 청년들 사이에서 유행하고 있는 위로의 공간으로 떠나서 살기는 이러한 열망을 보여 준다. 일시적인 '진통제'일지라도 위로와 응원을 갈구한다는 것이다.

생존을 위해 자기 계발에 몰두하는 것이 적극적인 주류화 전략이라면, 대안적인 삶의 가치를 공유하는 친밀한 관계를 향한 열망은 주류 질서로부터 거리를 두면서 다른 가치를 통해 심리적으로 극복하려는 전략이다. 일종의 '탈적용의 전략'[29]이라고 할 수 있다. 정체성의 위기에 직면한 개인이 정면으로 문제를 해결하려는 대신 삶의 기준과 방향을 바꾸는 것이다. 최근 자신과 생각을 같이하는 대안적 커뮤니티 등 새로운 관계와 삶을 찾기 시작하는 청년들의 모습은 이를 말해 주고 있다. 30대들도 경쟁에서 오는 피로도와 도태의 불안에서 벗어나기 위해, 혹은 견디기 위해 나만의 쉼터와 사람들을 찾아 나서고 있었다.

유사 가족이 제 삶 안에서 만들어지고 있다는 게 만족감을 주고 있어요. (중략) 당장 나한테 무슨 불행한 일이 닥치면 SOS를 칠 수 있는 사람이 없다는 게 되게 불안했거든요. 요즘에는 가까운 거리에 사람들이 있으니까 어떻게든 연락하면 10분, 15분 안에 한 명쯤은 와주지 않을까. (김이연, 여)

삶이 좀 바뀐 것 같아요. 예전에는 결혼해서 아이 영어 유치원까지 보내려면 어마어마한 재력이 있어야 한다고 생각했어요. 종잣돈이 있고, 그걸 불리는 재테크도 잘하는 사람이 돼야 한다고 생각했는데. (중략) 그 (대안적 삶 프로젝트 참여) 이후에는 교육관도 많이 바뀌었어요. 나중에 생각이 맞는 사람과 만나서 공동 육아 같은 걸 하고 싶다, 삶의 비중에서 돈의 비중을 줄이고 다른 가치를 좀 채워 보자는 생각이 들었어요. (김해윤, 여)

저는 비혼주의라 저와 비슷한 생각을 하는 사람들끼리 셰어
하우스share house처럼 모여서 살고 싶거든요. 여자 혼자 사는
게 조금 위험하기도 해서. 아파트면 각자 개별 방하고 거실을
셰어한다든지. (윤지혜, 여)

이연 씨와 해윤 씨는 직장 생활을 하다가 현재 지역 사
회 마을 공동체 프로젝트에 참여해서 살고 있다. 이연 씨는 앞
서 30대 여성으로 직장 생활을 하는 자신의 삶이 안전하지 않
다는 생각으로 늘 불안했다고 한다. 모든 것이 "무너진" 일상
을 절감하면서 마을 공동체 프로젝트 사업으로 일자리를 옮
겼다. 이전에는 모든 걸 혼자서 책임지며 살아가는 생활이 불
안했지만, 생각이 맞고 서로를 돌보는 관계가 있다는 것만으
로 안정감을 되찾았다. 또래 청년들과 공통의 관심사와 삶의
고민을 나눌 수 있는 것도 큰 위안이다. 주류 질서에서 벗어나
불안을 극복한 사례다. 새로운 삶의 비전을 갖게 됐다는 해윤
씨도 마찬가지다. 이전에는 재테크를 하면서 풍요로운 미래
를 준비하는 것이 정상적인 삶이라 생각하며 끊임없이 자기
계발에 몰두했다. 경쟁의 장에서 '전사'로 살았던 이들은 대
안적 삶을 만들어 가면서 이전에 기대했던 삶은 허상임을 깨
닫기 시작했다고 한다. 부모님의 말씀에 따라, 사회적인 요구
에 맞춰 자기에게 주어진 삶에 최선을 다해야 한다고 믿어 그

렇게 살았는데, 그런 자신의 삶을 수정하기 시작하고 있음을 보여 준다. 지혜 씨도 결혼 대신 대안적 가족을 꿈꾸고 있다. 이들은 개인이 속한 사회의 지배적인 시스템에 순응하는 대신 자신만의 다른 가치 시스템을 만들고 있다. 관계나 현실에 절망하거나 불안해하는 대신 가능한 대로 출구를 스스로 만들어 가는 흔적들이다.

　　최근 청년들이 현실에서, 관계에서 겪는 어려움과 관련해 나타난 새로운 현상이 이른바 '자기 위로'다. 최근 서점가를 점령한 가벼운 심리학 서적이나 위로서 열풍을 보면 알 수 있다. 자기 계발서 대신 위로를 주는 서적의 유행은 일종의 내적인 대응 전략에 해당한다. 자기 계발을 통해 외적 경쟁력을 갖추는 대신 자기 위로를 통해 마음의 안정과 자존감을 찾는 것이다. 이제 더는 자기 계발도 효용성이 없다는 결론에 이른 결과일 수 있다. 소확행의 유행도 같은 맥락으로 볼 수 있다. 아무리 노력해도 나아질 것 같지 않은 사회에서 애쓰며 살아가느니 차라리 손에 쥘 수 있는 정도의 만족감을 추구하며 살아가겠다는 청년들의 대안적 행보이기도 하다. 그럼에도 청년들의 위로서나 소확행 열풍이 '자기 안으로의 움츠림'이라는데 주목할 필요는 있어 보인다. 스스로 위로하며 참고 견디거나 현실적으로 가능한 작은 것에 만족하며 살아가겠다는 심리적인 방어 기제일 수 있기 때문이다. 이는 청년들이 세상에 대해 느끼는 좌절감이 그만큼 크다는 점을 방증하는 것이기도 하다.

이 점에서 전통적인 가족이나 조직에 의존하는 대신 대안적 공동체를 만들고, 타인과 새로운 관계 맺기를 통해 자신들의 삶을 기획하는 이야기가 사회에 던지는 의미가 적지 않다. 친밀한 관계 맺기나 삶에 대한 안정감이 결혼이나 안정적인 직장의 조직 구성원으로서만 가능한 것이 아니라는 것을 보여 주기 때문이다. 30대는 새로운 생애 전망을 만들어 가는 주도적인 첫 세대가 될 가능성도 커 보인다.

유일한 평생 내 편

힘겹기만 한 삶을 견뎌 내기 위한 정서적 안식처로서 가족을 소환하는 30대도 적지 않았다. 삶의 고단함과 불안함을 함께 견뎌 줄 누군가가 필요하고, 가족은 세상에서 나에게 아무런 대가 없이 많은 것을 준, 가장 믿을만한 사람들이라는 것이다. '가족의 귀환'이라고도 이름 붙일 수 있는 이 현상은 구조적 불안정성에 처한 청년층의 새로운 출구 전략으로도 보인다.

가족이라는 이름은 우리 사회에서 대체로 이중적이다. 30대의 가족에 대한 정서나 태도도 일관적이기보다는 모순되거나 대립적인 정서와 생각들이 복합적으로 얽혀 있었다. 가족을 '짐'으로 느끼거나 심리적으로 분리하고픈 욕망을 드러내기도 했지만, 경제적 도움을 주는 가족에 대한 고마움을 언급하면서, 험한 세상에서 의지할 수 있는 건 가족뿐이라고 이야기하는 경우가 많았다. 물론 가족에 대한 의미 부여나 관계의 재구성은 계층에 따라 다르다. 개인이 처한 상황이나 부모의 사회·경제적 지위에 따라 가족의 의미가 달라질 수밖에 없기 때문이다.

사회 통념상 어른이 돼야 하지만, 현실적으로 경제적 독립이 어려운 30대는 함께 살면서 경제적 지원을 해주는 부모의 존재를 고맙고 든든한 존재로 재발견한다. 경제적 의존성뿐만 아니라 가족의 가치와 의미를 재구성해 불안을 탈출하고자 하는 일종의 심리적 전략으로도 읽힌다

부모님이 점점 중요해지는 것 같아요. 왜냐면, 조금 다른 이유일 수 있는데 경제적 유착 관계가 형성된다고 할까요? 부모님과. 집을 사고, 부모님 도움을 받고, 가끔 만나서 빚도 갚아 주시는 분들이 많아요. (중략) 부모님께 그런 도움을 받으려면 관계는 점점 더 중요해질 수밖에 없어요. (정태호, 남)

저한테 가족은 튼튼한 울타리죠. 보통 제 나이면 자립을 하든 독립을 하든, 일을 해서 돈을 벌어야 하는데 저 같은 경우에는 튼튼한 울타리가 있으니까. 현재 무직인 상태로 있는데요.

(중략) 가족의 존재는 중요하다고 느끼는데, 그중 하나가 사람이 본능적으로 느끼는 감정? 아무리 어렸을 때부터 죽마고우라도, 친구도 무엇도 침범할 수 없는 개념이 가족이라고 생각해요. 나이가 들면서 의존할 수 있는 사람, 의지할 수 있는 사람이 필요한데. (박지웅, 남)

이들에게 부모는 든든한 경제적 배경이자 피난처다. 부모가 빚도 갚아 주고 증여도 해주는 "경제적 유착 관계"로 묶이면서 점점 더 중요해진다. 부모님의 경제적 지원 덕에 무직 상태로 있으면서 여전히 자신의 진로를 준비할 수 있다거나, 경제적 보상이 낮지만, 자신이 원하는 일을 지속할 수 있다는 이야기도 마찬가지다. 사춘기 시절 거리 두기가 이뤄졌던 부모와의 관계 밀도는 성인이 되면서 오히려 역주행하고 있다.

가족이 단순히 경제적 이유에서 필요한 도구적 관계로만 재발견되는 것은 아니다. 살벌한 경쟁의 장에서 고군분투하면서 지친 몸과 마음을 달래 줄 정서적 안식처로서, 혹은 고단한 삶을 살아가게 하는 원동력으로 가족을 꼽는 경우도 적지 않았다. 이는 청년 세대가 개인을 중시하고 관계에 큰 관심을 보이지 않는 것으로 여겨지는 것과는 상반된 모습이다.

사회에 나가서 치이고 힘들어도 집에 돌아와서 쿠션 역할을
해줄 어떤 사람이 없으니까. 계속해서 내가 심적으로 자꾸만
갈증을 느끼고 피폐해져 가는 건 아닐까 하는 생각을 혼자 굉
장히 많이 했는데. (중략) 저는 가족이 다라고 생각하고 살아
가고 있거든요. 어렸을 때 내가 태어날 때부터 받아 왔던 온정
이라든지. 어떤 봉사자도 해줄 수 없는 봉사를 저에게 베풀어
준 어른들이니까. 저는 지금 제가 일하는 목적 자체도 가족이
고 그걸 가로막을 수 있는 건 없다고 생각하고 열심히 돈을 벌
고 있어요. (이창연, 남)

결정적으로 힘든 취직이라는 문제에 맞닥뜨려서. 힘드니까
물론 친구들도 상담해 줄 수는 있지만, 내 눈앞에서 밥을 챙겨
줄 수 있는 사람은 엄마밖에 없지 않나. 힘든 경우는 (앞으
로도) 계속 생길 거라는 말이죠. (장인준, 남)

어릴 적에는 사는 건 혼자 사는 거지, 가족이지만 좋아서 만난
거 아니니까 각자 알아서 열심히 살면 좋은 날도 있고 힘든 날
도 있겠지 하면서 가족 안에서 다른 생각을 많이 했는데. '아,
이 가족 구성원 중의 한 명이 없다면'이라는 경험을 간접적으
로 해보니까 충격이 확 오더라고요. 그러면서 한 명 한 명의
소중함을 절실히 느끼면서 (가족이) 동지 같고, 어쨌든 각자

고군분투하면서 삶을 살아오고 있으니까, 서로 힘이 되고 의지할 수 있는, 부족한 부분을 채워 갈 수 있는 곳이구나. (이선희, 여)

창연 씨는 대학 입시 과정에서 자신의 진로에 대한 가족의 반대에 부딪혀 그에 따른 좌절감으로 자살 시도를 했다. 어려서부터 부모님의 영향력이 매우 커서 부모님의 반대에 맞서 자신이 원하는 것을 선택하는 것은 그에게는 상상하기 어려운 일이었다고 한다. 부모에 대한 반항심도 없지 않았지만, 여전히 가족은 창연 씨에게 세상의 준거다. 그가 가족에 대해 느끼는 끈끈한 마음을 이해하기 위해서는 여러 가지 해석이 필요하다. 성장 과정에서 가족의 영향력이 컸던 그에게 만만치 않은 사회생활은 가족의 의미를 더 강화한 계기가 됐을 수 있다. 자신이 일하는 이유도, 목적도 모두 가족이라는 창연 씨는 친밀한 사적 관계를 넘어서 가족을 '신성한 절대적 존재'로 여기고 있다. 한국 사회에서 가족은 사회를 유지하는 일종의 이데올로기로서 역할을 담당한다. 다시 말하면, 적자생존 경쟁에 기반한 자본주의 사회가 만들어 온 황폐함을 은폐시켜 온 혐의가 짙다. 이런 점에서 그의 이야기는 자본주의 사회의 가족 이데올로기를 그대로 받아들이고 있는 측면도 있다. 그러나 가족을 신성화한다는 이유로 단순히 그를 '보수적'이라는 형용사만으로 표현하는 것은 적절치 않아 보인다. "나이가 들수록 의지하고 기댈 수 있는 사람이 필요한데" 그가 발견할 수 있었던 건 가족밖에 없었기 때문이다.

힘들고 험한 세상에서 결국 의지할 수 있는 건 가족뿐이라는 인준 씨와 선희 씨의 이야기도 마찬가지다. 공적 안전망의 부재와 삶의 불안정성, 경쟁과 상처로 얼룩진 관계의 황무지가 가족주의를 강화했을 것이다. 다시 말하면, 가족 밖의 사회적 장에서 안전하고 신뢰할 수 있는 공간과 사람을 찾기가 쉽지 않다는 뜻이다.

가족에 대한 30대의 이야기는 안전하고 기댈 수 있는 관계에 대한 열망의 다른 표현이다. 나를 있는 그대로 받아들여 주는 관계는 사람들을 숨 쉬게 하는 환경이다. 서른이 넘어가면서 가족의 의미를 새롭게 발견하고 있다는 이야기는 물리적, 심리적 차원을 아우르는 공적 안전망의 부재가 어떻게 사적 안전망인 가족에게 돌아가게 하고 있는지 말하고 있다.

이러한 가족 중심형 삶의 패턴이 이전보다 늘고 있다는 연구 결과가 적지 않다.[30] 가족 중심주의로 돌아가는 것은 비단 한국뿐 아니라 개인주의 성향이 강한 서구에서도 현대 사회의 새로운 현상으로 관심을 끌고 있다. 현대인의 가족 중심주의가 '개인주의 사회의 모순'이라는 지적도 있다.[31] 30대의 가족 이야기는 가족과의 경제적, 심리적 연대를 통해 자신들

의 불안을 극복하려는 의식적, 무의식적 전략이자 가족주의
와 개인주의 사이에 걸쳐 있는 세대 특성을 드러내고 있다.

있는 그대로의 나

사회는 개인이 각자의 철학을 가지고 살아갈 수 있는 토대를 만들 책임이 있다. 각자의 자리에서, 그리고 다양한 이유로 다차원적인 불안의 시간을 건너가고 있는 30대들은 원하는 사회와 세상에 대해서도 많은 이야기를 꺼냈다.

이들이 필요로 하는 건 우선 충분한 시간이다. 경쟁이 일상화된 사회에서 시간은 언제나 부족하다. 한때 시테크(시간+재테크)라는 개념이 사회를 휩쓴 시기도 있었다. 30대도 앞만 보고 질주해야 하는 경쟁 사회의 속도에서 오는 피로를 호소하는 경우가 많았다. 자신의 삶을 돌아볼 시간도, 무언가 새로운 것을 기획할 시간도 없이 헉헉대며 살아가야 하는 고단함이 깊다는 것이다. 한 번쯤은 멈춰 서서 자신과 세상을 둘러보고 싶다는 바람이 간절하기만 한데, 세상은 자신을 가만히 내버려 두질 않는 것 같아 힘들기만 하다.

> 20대 초반에 고등학교 졸업하고 대학에 들어가면 한번 주위를 둘러보게 되거든요. 친구들 보면서 걔는 어딜 가고, 나는 어딜 가고. 30대 초반에도 그런 것 같아요. 그래 너 10년 동안 어떻게 살았어? 너 인생은 어떻게 된 거지? 이걸 한번 둘러보고 서로 한번 따져 보는 시기인 것 같고요. (정태호, 남)

자기가 자기를 돌아볼 시간이 없는 것 같아요. 항상 떠먹여 주는 걸 빨리빨리 받아먹고 소화를 시켜야 하니까. (성진경, 여)

큰 회사의 소품, 부품이 되는 느낌이 썩 유쾌하진 않았지만 어떻게든 버티는 게 어른스러운 거니까 싶어서 버텼던 것 같아요. 그리고 회사를 관둬야겠다고 생각한 이유는 5년, 10년, 20년 된 회사 선배님들하고 대화를 나누고 그분들의 얼굴을 봤을 때의 느낌 때문이에요. 회사에 큰 이변이 일어나지 않는 이상 그분들이 하는 생활이 5, 10년 뒤의 제 모습일 텐데. 그렇게 행복해 보이지 않았던 것 같아요. (홍선영, 여)

나를 돌아볼 시간이 필요하다는 건 이들의 공통적인 바람이다. 나름 사회적으로 인정받고 성공적으로 살아왔고 혹은 어떻게든 버티는 것이 "어른스러운 일"인 것 같아 그냥 견뎌 왔지만, 이렇게 살아도 되는 건지에 대한 마음속 질문이 차오르기 시작했다는 것이다. 시간과 쉼에 관한 이야기는 경쟁 사회에서의 소진burnout과 연결된다. 어디를 향해 가는지도 모른 채 앞만 보고 계속 질주하라는 메시지만 받는 데에 심리적으로 지쳤다는 신호이기도 하다. 이들에게는 앞으로 어떻게 살아야 하는지에 대한 고민이 절실할 수 있다. 불안과 위기의 시대를 지나온 30대에게 가장 필요한 건

나는 누구이고 어떻게 살아야 하는가에 대한 답을 찾는 시간일지 모른다. 30대는 자신을 있는 그대로 그냥 내버려 두기를 원한다.

> 회사 생활도 해보고, 백수도 해보고, 공무원 준비도 1년 해보고. 비정규직도 하면서 생각해 본 건 그냥 내 생각이 맞는 것 같아요. 내가 무엇을 우위에 두는가. 그냥 각자의 삶을, 그리고 그 삶이 꿈꾸는 가치를 존중해 주면 별로 문제없을 것 같아요. (김정희, 여)

자신들의 "삶이 꿈꾸는 가치를 존중해 주면" 좋겠다는 정희 씨는 있는 그대로의 모습을 인정받기를 원한다. 노력만으로 해결되는 일도 아닌데, 자신에게 특정한 삶의 모습을 기대하거나 요구하는 것이 화도 나고 너무 버겁다는 것이다. 이들이 원하는 건 단순한 경제적 지원이 아니다. 청년들이 나를 힘들게 하는 사람과 공간을 떠나 외롭고 고단한 삶을 함께 견디며 위로하며 살아갈 수 있는 사람과 공간을 찾아 떠나는 것도 그대로의 나로 존중받고 싶어서다.

공정한 기회라도

청년 취업자의 절반이 처음 다닌 직장을 1년 안에 그만둔다고 한다. 당장 그만두지는 못하더라도 취직하자마자 퇴직을 준비하는 청년도 많다. 급여 조건이나 근무 환경에 대한 불만 등 원인이 다양하겠지만, 청년들의 높은 퇴사율은 직장 문화와 청년의 불화를 암시한다.

30대에게 직장 경험은 자신들이 발 딛고 있는 세상이 어떤 곳인지를 알려 준 구체적 시공간이었다. 자신이 막연하게 생각해 왔던 세상과 현실의 차이를 직장 경험을 통해 체감하게 됐다는 것이다. 차별, 불합리, 불공정, 비민주적인 인간관계 등 30대에게 직장은 받아들이기 어려운 문화가 지배적인 곳이었다.

'이런 조직 문화에 있다가는 (내가) 엄청나게 망가지겠다. 나에게 도움이 되지도 않을 거 같다, 여기서도 (내가) 별로 쓸모가 없는 거 같다'는 생각을 해서 옮기게 됐습니다. (중략) 심지어 그 과장님이 제일 좋은 과장님이다는 이야길 많이 들었는데 자기 가글한 걸 책상에 두고 치워달라고 시키질 않나, 저한테 시킨 건 아니지만. 사실은 군대 문화죠. (이세준, 남)

(저는) 비정규직이잖아요. 노동 가치가 그렇게 딱딱 정제될 수 있는 것도 아닌데 대부분 그 가치의 기준을 보면 학벌이나 외국어 점수, 그 사람이 가지고 있는 인맥, 경력 등이었거든

요. 저는 되게 비인간적인 걸 많이 느꼈고, 그게 가속화하고 있다는 걸 많이 느끼고 있어요. (김혜선, 여)

　　세준 씨는 상사의 눈치를 끊임없이 봐야 하고, 상사의 개인적인 허드렛일에 동원되는 등 회사의 불합리한 조직 문화 때문에 퇴사했다. 회사에서 자존감을 지키며 일하는 것이 불가능해 보였기 때문이다. 동등한 구성원으로 존중하고, 능력을 발휘할 기회를 주기보다 조직에 무조건 헌신하거나 업무와 관련 없는 일을 요구하는 회사는 세준 씨에게 군대와 다를 바 없어 보였다. 비정규직이라는 이유로 함부로 대하는 회사의 비인간적인 조직 문화가 힘들다는 혜선 씨도 비슷한 생각이다. 부모의 헌신적인 지원 속에서 강한 자아의식을 형성하며 성장한 30대에게 조직 사회에서 마주해야 하는 '비루함'은 견디기 어렵다. 어떤 일을 하든 최소한의 자존감은 가지고 살아갈 수 있는 사회에 대한 바람은 존중받는 '자아'에 보다 민감한 30대들의 특성이기도 하다.

　　현재 30대는 1990년대에 한국 사회의 민주주의가 정착되기 시작하면서 합리적이고 민주적인 문화의 세례를 받았다. 조직에 자신의 몸을 맞췄던 기성세대와는 다를 수밖에 없다. 비민주적이고 위계적인 조직 문화는 이들에게 낯설뿐더러 자존감에 상처를 입힌다. 적지 않은 청년들이 정규직에 입사하고도 업무 강도나 물리적 조건이 아니라 비민주적, 비인간적인 문화 때문에 퇴사를 고민하는 이유다. 최근 90년대생인 현재 20대들의 감성을 제대로 이해하려는 노력이 확산되고 있고, 세대 간 소통에 기반한 자유롭고 민주적인 직장 문화로의 변화가 시작되고 있지만, 30대는 이런 문화가 도입되기 직전 직장 생활을 시작한 세대다. 과도기적 상황을 조직에서 경험했을 가능성이 크다.

이런 상황에서 오늘날 청년 세대의 감수성을 읽는 주요한 키워드 가운데 하나가 바로 공정이다. 30대가 겪는 차별과 불공정의 스펙트럼은 성차별에서 비정규직 차별까지 매우 넓었다. 무엇보다 직장은 생존을 위한 경제적 활동의 장을 넘어 세상과 사회를 구체적으로 경험하게 되는 물리적 공간이다. 특히 여성들이 겪었던 직장 내 차별은 이런 불공정함이 어떻게 작동하는지를 잘 보여 주고 있다.

> 그 층에 부서가 총 3개가 있었는데, 저 혼자 여자였어요. 그 회사는 중간 관리층에 여자가 있다는 걸 되게 싫어해요. 여자는 다른 부서에만 많이 있었고. 차장급 이상은 여자가 거의 없었고, 부장은 아예 없었고, 차장급은 여자가 한두 분 있었는데 대학원 나오고 무슨 무슨 자격증 같은 정말 엄청난 스펙을 가지고 버티신 거예요. 차장까지. 그런데 임원급들은 대학교도

안 나온 분들이 많았어요. 남자라는 이유로. 그리고 과일을 깎아 오라든지. 그런 암묵적인 성 역할을 자꾸 요구하는 회사였어요. (홍상은, 여)

(여성 부장이) 한 분 계셨는데 임신 기간에도 나와서 일을 하셨다는 거예요. 사실 그 부장님은 제가 업무적으로 존경했던 분인데. 내가 여기서 성공하려면 저분같이 해야 하나 보다, 저 정도로 내 실제 생활을 희생해야 여자는 성공할 수 있나 보다 하는 생각이 들었고. (이지수, 여)

프리랜서 아나운서 같은 경우에는 언제든지 자를 수 있으니까, 마음에 안 들면 잘라 버리고. 여자 아나운서는 30대 중반만 돼도 나이가 많다고 생각하거든요. 그래서 TV를 보면 남자는 머리가 없어도 여자는 젊고 예뻐요. 20대 초중반? 그걸 너무 당연하게 생각하니까. 그러니까 여자 아나운서는 부품처럼 계속 갈려져서 나가고, 남자 아나운서는 (고용을) 보장받거든요. 그런 데 대한 최소한의 존중이 있었으면 좋겠고요. (홍선영, 여)

30대 여성들은 대부분 핵가족에서 딸과 아들을 차별하지 않는 부모의 적극적인 교육 지원과 돌봄을 받으며 성장한 세대다. 실제로 사회에 나오기 전까지는 집에서 딸이라는 이유로 차별을 받은 경험이 거의 없다. 성장기를 보낸 학교생활에서도 그런 기억이 없다. 그런데 막상 시작한 직장 생활은 달랐다. 은밀하게 때로는 노골적으로 이뤄지는 직장 내 성차별을 겪으면서 사회의 불공정함을 새삼스럽게 확인하게 됐다. 지방 방송국에서 프리랜서 아나운서로 일하고 있는 선영 씨는 같은 직종도 성별에 따라 차별적인 고용 형태를 제공하는 현실에 대한 분노와 좌절이 크다. 남자 아나운서는 정규직으로 선발하고, 여자 아나운서는 젊고 예뻐야 한다는 이유로 언제든 자를 수 있는 프리랜서로만 고용한다는 것이다. 이제 30대에 들어선 자신도 언제든 잘릴 수 있다는 생각에 늘 불안하다.

30대의 사회적 기회가 제약당하는 원인은 상당 부분 구조적인 불평등과 연결돼 있다. 하지만 인터뷰에서 만난 청년들이 주로 말했던 공정은 삶의 기회를 잡을 수 있는 기준과 과정의 공정이다. 기회의 공정이라도 보장된다면 노력해 보겠다는 것이다. 수저론을 이야기하며 구조적인 계층 세습 사회에 분노하는 이들도 많았지만, 최소한의 공정한 기회를 보장해 달라는 목소리가 압도적으로 높았다. 개인의 노력만으로는 뛰어넘을 수 없는 구조적 벽 앞에서 출발의 공정함이라도 있으면 좋겠다는 절실한 마음이다.

되게 웃겼던 게, 누가 봐도 A라는 사람이 일을 엄청나게 잘해요. 근데 이 사람은 묵묵히 일만 하는 사람이고요. B라는 사람은 일은 그냥 그래요. 근데 말을 엄청나게 잘해요. 그러니까 위에 있는 사람들이 좋게 봐준 거예요. 노력보다는 윗사람들의 선택 안에 들어가야 하는 거잖아요. 저 같은 경우도 분명히 정규직 얘기 나오고 해서 열심히 했던 건데 막상 정규직 넘어갈 때 잘리니까. (송현석, 남)

비정규직으로 회사에 다녔던 현석 씨는 열심히 일하고 능력을 발휘하면 인정도 받고 정규직으로의 전환이 가능할 줄 알았다. 그러나 일은 제대로 못 하면서 상사에게 잘 보인 사람들이 회사에서 발탁되는 것을 목격하면서 좌절할 수밖에 없었다. 결국, 계약이 끝나고 회사를 나오게 됐다. 개인의 능력이나 노력보다는 처세술이 사회적 기회를 획득하는 데 쓸모있는 현실에 상처와 배신감이 적지 않다. 구조적인 불공정에 앞서 평가 기준이나 과정의 공정함조차 보장되지 않는 일상적인 경험이 청년들에게 더 확실하고 구체적인 상흔을 남길 수 있다는 것을 암시한다.

이는 청년들의 '공정 감수성'과도 연결된다. 30대는 신자유주의적인 가치와 경쟁에 익숙한 세대다. 이들에게 공정함이란 능력과 노력에 따른 공평한 기회와 적절한 보상을 받는 것이다. 이 역시 중요하지만, 여기에만 집착하면 구조적 문제를 제대로 보고 함께 해결해 나가기 위한 연대는 헐거워진다. 대신 개별적이고 고립된 섬으로 혼자서 분투하며 살아갈 수밖에 없다. 미시적 공정에 집중하는 청년들의 마음은 구조적으로 닫힌 사회를 살아가는 파편화된 개인들의 마음이 어디를 향하고 있는가를 말하고 있다.

진짜 삶을 봐주세요

적지 않은 청년들이 안정적인 정규직을 목표로 오늘을 살아간다. 신분이 불안정하고, 이로 인한 차별을 경험하는 비정규직 청년들이 가장 바라는 일일 것이다. 정규직에 취직했더라도 더 좋은 조건을 갖춘 안정적인 직업을 위해 '상시 취준생'으로 살아가는 청년도 늘고 있다. 하지만 적지 않은 30대가 정규직 확대 중심의 청년 지원 정책을 그리 긍정적으로 보지 않았다. 자신들이 원하는 답이 꼭 정규직은 아니라는 것이다. 개인의 삶은 매우 다양한데, 정규직으로만 수렴되는 청년 지원이 못마땅하다고도 말한다. 기성세대의 일자리 개념에 갇힌 정책이라는 것이다. 조직에서 벗어나 홀로 일하는 '인디펜던트 워커indepenent worker', 'N잡러(여러 직업을 가진 사람)'가 늘고 있는 현실과도 맞아떨어지지 않는다.

지금 청년 정책이 바라는 바는 시스템 속으로 들어와라, 너네도 우리처럼 살아라, 저는 좀 그렇게 보여요. '너네도 우리처럼 살아, 기성세대로 살기 위해 더 노력해. 도와줄 테니' 이런 방식의 정책들이죠. (이종석, 남)

자유롭게 살고 싶어 하는 30대도 되게 많거든요. 스타트업에서 일하거나 시민 사회 활동을 하는 사람들이 많고. 그런 사람들은 대부분 출산을 또 안 하더라고요. 결혼도 별로 안 하고. 이쪽 세계에서는 정규직, 주거 안정은 '1도' 관심 없는 키워드예요. 오히려 어떻게 하면 개인적으로 성장하고. 내 친구들이랑 즐겁게 살고. 이게 더 관심사이기 때문에. (차승희, 여)

정규직이 꿈인 사람은 없거든요. 정규직이 내 삶을 편안하게, 안정적으로 만드는 수단일 수는 있으나 내 꿈을 이루는 목표가 되진 않으니까. 저는 여기 비정규직이고 하루에 7시간밖에 일을 안 하지만 정말 만족하거든요. 왜일까를 생각해 보니 우선 처우가 너무 좋아요. 정규직 분들보다 많이 받는 거 맞아요. 내가 비정규직이라 불안한 이유는 사기업에서 행해지는 (옳지 않은) 행태들 때문인 거지, 비정규직 자체가 나쁘다고 생각하지 않아요. (유현정, 여)

이들은 정규직 전환 보다는 있는 자리에서 조금 더 나은 처우를 원하고 있었다. 비정규직이라 할지라도 불안한 상황 속에 자신들을 몰아넣지 않고, 정당한 보수와 대우만 한다면 비정규직이 나쁘다고 생각하지 않는다. 비정규직 자체가 아니라 비정규직에 대한 부당한 처우가 문제라고 생각한다. 오히려 정규직 확대 중심 정책이 자신들의 일자리를 위태롭게 한다는 이야기도 있었다. 정규직 전환에 치우친 청년 정책이 역설적으로 비정규직 청년을 불안정한 위치로 내몰고 있다는 것이다.

> 계약직으로 몇 년을 일해도 좋다고 생각했어요. (높은) 노동 강도를 피하면서 조금의 불이익을 감수하는 거죠. 그런데 지금 상황은 계약직으로도 있을 수가 없는 상황이 됐어요. 왜냐면 계약직을 다 정규직으로 만들겠다고 하고 있거든요. 그렇게 되면 계약직은 자리가 없어요. 그래서 반작용적으로 정규직을 되게 원하게 됐어요. (중략) 핵심은 다양한 노동의 형태를 인정해 줘야 하는 건데, 지금 그 공약은 비정규직, 정규직 두 분류로 나눠 놓고 '너네를 이쪽으로 가게 해줄게'라는 거에요. 그 정규직 전환의 기회를 잡지 못하면 비정규직을 선택할 수도 없는 상황이 돼 버리는 거죠. (안수정, 여)

수정 씨에게 다양한 노동 형태를 인정해 주지 않는 정규직 전환 중심의 청년 정책은 너무 "올드한 사고방식"이다. 정규직 확대에 따른 비용 문제 때문에 비정규직이 더 많이 일자리를 잃게 되는 현장의 현실을 너무 모른다는 것이다. 그동안 계약직으로 계속 일해도 좋다고 생각했지만, 정규직 전환이 안 되면 직장에서 밀려난다고 생각하니 자신의 마음도, 직장 내 인간관계도 모두 더 힘들어졌다고 한다. 그동안 주로 비정규직으로 고용하던 석사급 연구원을 정규직으로 채용하게 되면, 일자리 수는 자연스럽게 줄어들기 때문이다. 현재 불안정한 고용 상황을 겪는 모든 사람의 일자리를 보장해 줄 것도 아니면서 자신의 상황을 더 어렵게만 하는 정규직 전환 중심의 청년 정책이 답답하기만 하다.

정규직 전환 중심의 정책은 전통적인 고용 관계가 아니라 프리랜서 등 여러 형태로 노동을 하는 30대와는 더 거리가 먼 이야기다. 정규직 전환을 현재 청년들의 안전망 부재에 대한 핵심 해결책으로 내세우는 건 우리 사회가 청년 세대에 대해 지닌 감수성이 여전히 빈약하다는 것을 보여 준다.

프리랜서를 하더라도 미래에 대한 걱정이 없으면 프리랜서를 계속하겠죠. 어떻게 보면 저도 창업을 한 건데 주위에서 다 말리고, "미친 짓이다, 아무것도 없는데 음악 엔터를 차려서 어떡할 건데?"라고 하는데 이거라도 없으면 희망이 없으니까.
(중략) (정규직 전환 정책이) 우려가 되죠. 미래를 봤을 때. 결
국에는 저희가 마흔, 오십이 되면 그걸 떠안아야 하는 나이가
되거든요. 저주받은 89년생이라는 말이 있어요. 갑자기 7차
교육 과정으로 바뀌고. 대학교 가니까 이래저래 바뀌고. 이렇
게 되면 저희가 마흔이 됐을 때 그 뒷감당을 해야 하는 거잖아
요. (김정민, 남)

프리랜서로 일하는 30대는 자신들의 노동 형태가 지속
가능한 방식이 되기를, 그 노동을 이어 가며 살 수 있는 시스
템을 더 원했다. 즉, 최소한의 사회적 안전망만 있다면 조금
적은 수입으로 비정기적이지만 원하는 일을 계속할 수 있기
를 바라고 있었다. 비정규직이라도 생존 가능한 임금 수준이
면 되고, 내 위치가 노력한 만큼 탄탄해지기를 원한다. 그런
데, 정규직 전환이나 확대 중심 정책이 자신들의 진짜 삶을 배
려하지 않은 것 같아 우려스럽기만 하다. "저주받은 89년생"
은 교육 제도 변화 등에서 늘 정책의 희생양이었는데, 정규직
증가로 인한 세금 증가 등 미래 부담까지 짊어지게 될 수 있
다는 것이다. 최근 공공 기관 정규직 전환이 사회 화두로 떠오
르면서, 자신과는 상관없는 일부에게 정부가 너무 많은 지원
을 한다는 상대적 박탈감이 적지 않은 것으로 보인다. 사회에

주어진 과제는 어떻게 다양한 청년들의 삶을 포용하면서 균형 있는 청년 정책을 수립할 것인지다.

30대는 그들의 진짜 삶을 바라봐 주기를 원한다. 특히 지방에 사는 30대들은 일자리 자체가 없는 지역에서 창업 지원이나 특정한 나이에 갇힌 정책 등 일부에게만 해당하는 정책의 편협함을 불편해하기도 했다. 이들의 삶은 공식과 비공식 사이의 경계가 모호한 경우가 적지 않다. 자의든 타의든 회사와 같은 공식적 경제 영역에 있다가 비공식 영역으로 진입하는 청년도 많았다. 특히 음악이나 문화계에 종사하는 경우는 모호성이 더 강할 수밖에 없다. 아래 사례는 모두 지방에서 음악 밴드 활동이나 리포터 등 프리랜서로 활동하고 있는 30대다.

정부에서 지방에 밀어줄 수 있는 건요. 청년 창업, 먹방 투어 같은. 요즘 유행이니까 유행에 맞춰서 해라, 그건 근시안적이지 않나? 중소기업을 들어가든 동네에서 치킨 장사를 하든 먹고살 수 있는 구조가 됐으면 좋겠어요. (김정훈, 남)

저희는 계약서가 없어요. 프로그램에서 코너가 없어지면 끝이에요. 저희는 비정규직도 아니고 계약직도 아니에요. 계약직은 그래도 2년 보장되죠. 계약서 쓰고 2년 되면 '나 살 자리 알아봐야지' 이게 되잖아요. 저희는 그런 거 없어요. 하다가도

코너 맘에 안 들어서 없어지면 저희는 없어지고 그래도 PD님
이 "너 이거 해라" 하면 "아, 예" (하면서) 다음 코너 준비하
고. (남경진, 여)

경진 씨는 지방 방송국에서 프리랜서 리포터로 일하고
있다. 경진 씨의 고용 조건은 2년간 계약서를 쓰고 근무하는
비정규직이라고 하기도 어렵다. 프로그램 담당 PD의 뜻으로
고용 상황이 언제든지 바뀔 수 있기 때문이다. 몇 달 동안 일
이 없을 수도 있다. 경진 씨처럼 일자리가 많지 않은 지방에서
프리랜서로 하루하루 생존을 고민하며 살아가야 하는 30대
는 무엇을 하든 "먹고살 수 있는 구조"만이라도 가능한 삶을
간절히 원하고 있다. 정규직처럼 평생 고용을 보장받는 것은
꿈도 꿔 본 적 없고, 자신들의 몸에도 맞지 않는다고 생각한다.
계약직이라도 아무런 예고 없이 잘리는 일은 없고, 안정적인
고용이 아니더라도 최소한의 생계형 대출은 가능한 사회를
바랄 뿐이다.

요새 버스킹 많이 한다고 하면서 좋은 사회의 풍조라고 받아
들이는데 저는 그 반대거든요. 이 친구들이 워낙 먹고살 게 없
어서 거리로 나간 거예요. 이걸 공연해서라도 돈을 벌어야 하
니까. (김정민, 남)

공무원 공부하다가 잘되지 않아서 어느 순간에 30대가 돼 버린 사람들이 사회로 나올 수 있는 기반이 없잖아요. 청년 정책도 35세까지만 대상이고. 30대를 위한 정책들이나 일자리 지원이 부족한 것 같아요. (정길성, 남)

인터뷰할 때 35세였던 길성 씨는 앞으로는 청년 지원 정책도 받을 수 없는 현실이 막막하기만 하다. 여러 가지 비정기적인 일을 하다가 안정적인 공무원 준비를 본격적으로 한다고 몇 년 시간을 보내다 보니 어느새 30대 중반을 넘어섰고, 앞으로의 삶이 불안하기만 하다. 적지 않은 청년들이 이렇게 시험 준비 등으로 사회 진입을 늦게 하는데, 정책이 이런 상황을 반영하지 못한다는 것이다. 최근 청년의 범주를 어떻게 설정해야 하는지, 그리고 청년을 어떻게 정의해야 하는가에 대한 논의가 활발하다. 하지만 청년을 정의하기 위한 물리적 나이에 관한 규정은 여전히 통일돼 있지 않고 제각각이다.[32] 각종 조사를 위한 통계청의 기준은 15세 이상 29세 이하다. 청년고용촉진 특별법 기준은 통계청과 같지만, 공공 기업 미취업자는 예외적으로 34세까지다. 최근에 제정된 청년기본법에서는 청년을 19세 이상 34세 이하로 정의하고 있다. 정민 씨의 이야기는 청년들의 진짜 삶을 이해하지 못하는 것이 오히려 어떻게 청년들을 타자화하는지를 보여 준다. 청년들의 버스킹을 "좋은 사회 풍조"라고 관망하는 대신 그 이면에 있는 청년들의 '진짜 삶'을 제대로 봐달라는 것이다.

많은 청년은 자신들의 다양한 노동 형태를 인정해 주고, 그 방식으로 살아갈 수 있게 해주는 시스템을 더 원하고 있었다. 지금 선 자리에서 한 발 더 나갈 수 있는, 혹은 앞으로 자신의 삶을 기획할 수 있는 지원이 가능한 사회면 충분하다는 것이다.

더구나 30대 싱글이 혜택을 받을 수 있는 정책은 많지 않다. 정부의 청년 정책은 창업이나 맞춤형 일자리 주선 등 고용 효과 개선이나 신혼부부나 대학생을 위한 주거 공급 확장 등 기혼자나 20대를 위한 청년 복지 제도가 주였다. 30대 싱글들의 이야기는 우리 사회의 청년 정책이 노동과 고용 중심의 근대적 패러다임paradigm에 갇혀 청년들의 삶을 제대로 이해하지 못하고 있다는 것을 보여 준다. 우리 사회가 다양한 청년들의 삶을 어떻게 품어내야 하는지에 대한 비판적 성찰이 필요한 이유다.

에필로그   시대의 우울을 새긴 나이테

지금 30대는 풍요의 세대인 동시에 가난을 경험하고 있는 세대다. 사회적 자리와 전망의 부재는 이들의 삶을 힘겹게 하고 있다. '생존 경쟁'의 시대를 고투하며 살아가고 있는 30대는 어른이 되는 길목에서 사회에 대한 신뢰도, 내일에 대한 희망도 발견하기 쉽지 않다. 각자도생의 길을 모색하거나 위로의 공간을 찾아 나서고, 혹은 '헬'을 외치며 탈주를 감행하는 등 모두 저마다의 불안을 견디며 오늘을 살고 있다.

코로나19로 앞으로 20대의 삶은 30대와는 또 다른 차원의 새로운 국면을 맞게 될 가능성이 크다. 30대가 거쳐 왔던 시간보다 불확실성이 커진 시기를 지금 20대가 지나고 있기 때문이다. 계층 세습 사회도 앞으로 더 공고해질 수 있다. 어쩌면 지금 20대가 서른이 되었을 때는 더 불안하고 우울한 30대를 맞을지도 모른다.

일본의 대표 지성으로 불리는 우치다 타츠루内田樹는 그 어떤 희망도 발견하지 못하는 일본 청년들이 성장을 거부하고 대충 살아가면서 하류를 지향한다는 충격적인 분석을 내놨다. 지금 청년들의 불안을 우리 사회가 제대로 마주하지 않으면 우리와 상관없는 그들만의 이야기로 그치지 않을지도 모른다. 다행스러운 건 우울한 풍경과 전망 속에서도 다양한 실험을 시도하는 청년들이 적지 않다는 것이다. 대안적 공동체에서 새로운 삶의 문법을 만들어 내기도 하고, 사회 구조를 바꿀 대안들을 고민하며 이를 현실화하기 위해 각자의 자리에서 한 발씩 내딛고 있었다. 지금 30대가 걸어가는 길이 현재 20대들에게도 선택지가 될 수 있다는 점에서 그 의미가 적지 않다고 할 수 없다.

누구나 자신들이 살아가는 시기를 위기의 시대로 정의한다. 그리고 우리는 모두 각자 서로 다른 이유로 불안하다. 그럼에도, 구조적으로는 고실업과 고용 불안, 내적으로는 불신과 소통 불능이 화두인 요즈음 많은 청년이 어느 시인의 말처럼 "시대의 우울"을 건너가고 있는 것만은 확실해 보인다.

현재의 불안을 넘어설 힘은 내일의 가능성이다. 따라서 우울과 불안의 시간을 통과하고 있는 청년들에게 제시해야 하는 것은 단발성 위로의 말도, '열정을 가지라'거나 '노오력하라'는 주문이 아니라 내일을 기대할 수 있는 사회다. 오늘의 고통을 건너갈 수 있는 이유는 내일을 기대할 수 있다는 것, 따라서 그 내일을 위해 오늘을 살만한 이유가 충분하기 때문일 것이다. 내일을 위해 오늘을 유예하며 살아가는 것은 청년들이 가져야 할 삶의 태도가 아니라고들 하지만, 오늘을 살아 내기도 만만치 않은 이들에게 내일의 가능성은 여전히 삶을 앞으로 나아가게 하는 힘이 될 수 있다.

'건강한 문화를 가진 사회란 개인이 구조로부터 소외당하지 않는 체제'[33]라는 말에 동의한다면, 한 사회에서 희망 없는 사람들이 양산되는 현상은 문화 건강의 적신호일 수밖에 없다. 지금 30대가 이야기하는 불안과 고통에 귀 기울여야 하는 이유다. 무엇보다 각자도생이 삶의 문법이 되는 사회는 개인의 능력이나 노력만으로는 어떤 희망도 발견하기 어려운 사람들에게 고통과 모욕을 안겨 줄 수밖에 없다.

우리 사회 청년들의 삶을 '정확하게' 이해하기 위해서는 이들의 진짜 삶에 가까이 다가가야 한다. 지금 청년들은 어디에서 무엇을 하는지, 그들 스스로, 또는 그들을 위해 기성세대인 '어른들'이 만들고 있는 대안은 어떤 것이 있는지를 제대로 파악할 필요가 있다. 또한, 정부나 기업, 또는 민간에서 적절한 지원이 필요한 시기라는 것도 분명해 보인다. 일시적인 지원이나 단발성 위로가 아니라 새로운 길을 만들 수 있도록 지속적으로 지원하는 정책 패러다임을 구상해야 한다.

삶의 이야기를 적극적으로 풀어내 준 30대 청년들은 이 프로젝트의 가장 큰 공로자다. 덕분에 나와 다른 타자의 삶을 들여다보며 궁극적으로 내 삶을 돌아볼 수 있었다. 이들은 자신들의 이야기를 펼쳐 놓을 기회 자체를 매우 긍정적으로 받아들였다. 자신들의 불안과 상처를 이야기하는 시간 자체가 치유의 과정이라는 청년들도 적지 않았다. 나만 그렇지 않다는 것, 그리고 내 이야기를 성의 있게 들어주는 타인이 있다는 것이 이들에게 적지 않은 위로와 안정을 준다는 생각이 들었다. 불안으로 홀로 서성이고 있을 뿐 자신들의 이야기를 공적 공간에서 풀어놓을 기회가 많지 않았던 탓도 있었을 것이다.

30대 싱글 청년들을 함께 연구한 박성원, 이일영, 김양희, 이재경 선생님의 탁견과 열정에 많이 빚지고 있다. 이분들과의 공동 작업 과정에서 깨닫고 배운 것이 적지 않다. 특별한 감사의 마음을 전한다.

주

1 _ 이 표현은 정희진의 책(2020)《나를 알기 위해서 쓴다》에서 빌려 왔다.

2 _ 이 프로젝트는 서울연구원의 지원을 받아 청년들의 구체적인 목소리를 직접 담아내기 위해 심층 면담에 기반한 질적 방법으로 수행되었다. 심층 인터뷰에 참여한 30대 싱글 청년은 총 78명이다. 지역은 고루 분포되어 있다. 공식적인 인터뷰는 녹음이 가능한 모임 공간 또는 카페 같은 조용한 장소를 빌려 3~6명을 한 그룹으로 평균 2시간 30분~3시간 정도 진행했다. 양적인 통계가 특정 집단에 대한 대체적인 경향성을 알려 준다면, 심층 인터뷰는 통계에는 드러나지 않은 개인의 가치와 생각을 깊게 그리고 다층적으로 들여다볼 수 있게 한다. 따라서 공식적 담론이 은폐하거나 구조적 설명에 포섭되지 못하는 개인들의 '일상'을 복원할 수 있다. 심층 인터뷰를 통해 통계로는 포섭되지 않거나 파편적인 목소리만으로는 잘 드러나지 않는 30대 싱글들의 마음을 세심하게 탐색했다. 면담 내용은 연구 참여자들의 동의를 얻어 녹음했으며, 연구 참여자들의 이름은 개인 정보 보호를 위해 익명으로 처리했다. 이를 연구 참여자들에게도 미리 알려 최대한 자유롭고 편안한 분위기에서 이야기를 풀어 놓을 수 있도록 했다.

3 _ 이는 인터뷰에 참여한 30대 싱글들이 대부분 30대 초반에 해당하기 때문에 경력상 30대 전체의 임금 수준과 비교해 임금이 낮은 것으로 추측할 수 있다. 그럼에도 연구 참여자들의 고용 형태와 임금 수준으로 미뤄 이들이 처한 전반적인 사회·경제적 환경이 우리 사회 30대 평균보다 열악한 위치에 있다는 것을 암시한다.

4 _ 지그문트 바우만(이일수 譯),《액체 근대》, 강, 2009.

5 _ 김홍중,〈서바이벌, 생존주의, 그리고 청년 세대〉,《한국사회학》, 49(1), 2015, 179-212. 임홍택,《90년대생이 온다》, 웨일북, 2018. 서동진,《자유의 의지 자기 계발의 의지 - 신자유주의 한국 사회에서 자기 계발하는 주체의 탄생》, 돌베개, 2009.

6 _ 변진경,《청년 흙밥 보고서》, 들녘, 2018. 이철승·정준호,〈세대 간 자산 이전과 세대 내 불평등의 증대: 1990~2016〉,《동향과 전망》, 104, 2018, 316-373. 전상진,《세대 게임 - '세대 프레임'을 넘어서》, 문학과 지성사, 2018. 조귀동,《세습 중산층 사회: 90년대생이 경험하는 불평등은 어떻게 다른가》, 생각의힘, 2020.

7 _ 조귀동,《세습 중산층 사회: 90년대생이 경험하는 불평등은 어떻게 다른가》, 생각의

힘, 2020. 황규성, 〈다중 격차: 다차원적 불평등에 관한 개념화 시론〉, 《동향과 전망》, 97, 한국사회과학연구회, 2016.

8 _ 권수현, 〈작년 사상 첫 인구 감소…출생 27만-사망 30만 명 '데드크로스'〉, 《연합뉴스》, 2021. 1. 3.

9 _ 이일영, 〈30대 싱글의 '마음의 레짐': 일, 주거, 관계를 중심으로〉, 《동향과 전망》, 106, 2019. 111-148.

10 _ 30대들의 비혼 비율은 1995~2015년 사이 남성은 30~34세(19퍼센트→56퍼센트), 35~39세(7퍼센트→33퍼센트), 여성은 30~34세(7퍼센트→38퍼센트), 35~39세(3퍼센트→19퍼센트)로 크게 늘었다. 김수연, 〈韓, 30대 중반 이하 미혼율 日 앞질렀다〉, 《디지털 타임스》, 2019.1.8.

11 _ 오영은·추주희, 〈청년층의 결혼 및 가족 가치관 변화에 관한 탐색적 연구〉, 《인문사회 21》, 11(1), 2020, 1217-1232.

12 _ 이민경, 〈중산층 어머니들의 자녀 교육 담론: 자녀 교육 지원 태도에 대한 의미 분석〉, 《교육사회학연구》, 17(3), 2007. 159-181.

13 _ 이민경, 〈중산층 어머니들의 자녀 교육 담론: 자녀 교육 지원 태도에 대한 의미 분석〉, 《교육사회학연구》, 17(3), 2007. 159-181.

14 _ 이민경, 〈대학생들의 교육 경험 담론 분석 - 입시 교육과 진로 경험의 의미화를 중심으로〉, 《교육문제연구》, 31, 2008, 79-102.

15 _ 이민경, 〈대학생들의 교육 경험 담론 분석 - 입시 교육과 진로 경험의 의미화를 중심으로〉, 《교육문제연구》, 31, 2008, 79-102.

16 _ 우석훈·박일권, 《88만 원 세대: 절망의 시대에 쓰는 희망의 경제학》, 레디앙, 2007.

17 _ 울리히 벡(홍성태 譯), 《위험 사회: 새로운 근대성을 향하여》, 새물결, 2014.

18 _ 한병철,《피로 사회》, 문학과 지성사, 2012.

19 _ 조귀동,《세습 중산층 사회: 90년대생이 경험하는 불평등은 어떻게 다른가》, 생각의힘, 2020.

20 _ 조귀동,《세습 중산층 사회: 90년대생이 경험하는 불평등은 어떻게 다른가》, 생각의힘, 2020.

21 _ 김승섭, 〈고용 불안은 건강을 잠식한다〉,《한겨레 21》, 1099, 2016. 2. 18.

22 _ 박초롱, 〈'워라밸' 강조한 청년들…"일자리 수 넘어 근무 여건 고민해 달라"〉,《한국경제》, 2018. 1. 29.

23 _ Carmel Camilleri & Joseph Kastersztein,《Stratégies Identitaires》, Paris: PUF, 1990. Dubar Claude,《La socialisation, construction des identités sociales et professionnelles》, Paris: Armand Colin éditeur, 1991. Alex Mucchielli,《L'identité》, Paris: PUF, 1986.

24 _ 조한혜정·엄기호,《노오력의 배신: 청년을 거부하는 국가, 사회를 거부하는 청년》, 창비, 2016.

25 _ 조귀동,《세습 중산층 사회: 90년대생이 경험하는 불평등은 어떻게 다른가》, 생각의힘, 2020.

26 _ Vincent de Gaulejac,《Les sources de la honte》, Paris: Desclée de Brouwer, 1996.

27 _ 한병철,《피로사회》, 문학과 지성사, 2012.

28 _ 우치다 타츠루(박순분 譯),《하류지향》, 열음사, 2007.

29 _ Vincent de Gaulejac·Isabelle Taboada Léonetti,《La lutte des places》,

Paris: Desclée de Brouwer, 1994.

30 _ 장경섭, 〈내일의 종언: 가족 자유주의와 사회 재생산 위기〉, 《아산재단 연구총서》, 433, 집문당, 2018.

31 _ François de Singly, 《Sociologie de la famille contemporaine》,Sociologie de la famille contemporaine. Paris: Nathan, 1993.

32 _박철홍, 〈29세, 34세, 39세, 49세…지자체·단체마다 청년 나이 천차만별〉, 《연합뉴스》, 2016. 8. 15.

33 _ 조한혜정, 《학교를 찾는 아이, 아이를 찾는 사회: 21세기 학교 만들기》, 또하나의문화, 2001.

북저널리즘 인사이드   어디에나 있지만,
                         어디에도 없는

30대는 이른바 '낀대(끼인 세대)'다. 위 세대에게는 '요즘 것들', 다음 세대에게는 '라떼'로 불린다. 정체성 혼란은 계속된다. 준비가 안 됐는데, 사회는 멋대로 어른이라고 규정한다.

어쩌다 어른이 됐더니 이제는 홀로서기를 강요받는다. 도움을 받고 싶어도 손 내밀 데가 거의 없다. 20대의 청춘, 50~60대의 노후를 지원하겠다는 정책은 많지만 30대는 관심 밖이다. 비혼은 더 고립된다. 35살 이후로는 법적으로도 청년이 아니다. 다시 한번 깨닫는다. 물려받은 재산이 없다면 목돈을 만드는 건 불가능하다고. '소확행'을 외치며 오늘이라도 행복하자는 30대의 말이 마냥 낭만적이지 않은 이유가 여기에 있다. 바꿔 말하면 내일이 없다는 뜻이기 때문이다.

30대의 오늘을 보면 우리 사회가 고스란히 보인다. 30대가 겪는 어려움은 나이가 어려서, 혹은 많아서 생기는 게 아니다. 저성장이라는 시대 환경, 개인의 노력을 물거품으로 만드는 계층 사회 때문이다. 다달이 넣던 적금을 모두 빼 주식에 '올인'하고, 실체가 없다는 비트코인에 환호하는 건 절박해서다.

절박한 30대는 스스로 희망을 찾아 나선다. '어른답지 않은' 이들은 함께 모여 공동체를 꾸리고 새로운 삶의 방향을 세워 나간다. 이렇게 살아도 괜찮다고 서로를 격려하고 용기를 낸다. 생애 주기와 상관없이 나답게, 나에 대한 확신과 함께 사는 것. 어디에나 있지만, 어디에도 없는 투명 인간 30대

가 진짜 원하는 것이다. 우리 사회가 향해야 할 방향이기도 하
다. 30대의 이야기를 넋두리가 아닌 시대의 고민으로 함께 읽
어야 하는 이유다.

이세영·정주한 에디터